人力资源开发与薪酬绩效管理研究

◎王 铮 杨夏薇 潘 元 著

中国纺织出版社有限公司

内 容 提 要

本书立足于当前企事业单位人力资源管理的现实需要，总结了各种人力资源开发和管理的方式、方法，研究并分析了可实施的薪酬绩效管理方案。全书逻辑清晰、层次分明、知识结构完整，可以满足广大人力资源管理实践工作者的实际需要，对于广大公共管理专业的师生与研究人力资源管理的专业人士和爱好者来说具有较高的参考价值。

图书在版编目（CIP）数据

人力资源开发与薪酬绩效管理研究 / 王铮，杨夏薇，潘元著．-- 北京：中国纺织出版社有限公司，2021.1

ISBN 978-7-5180-8166-0

Ⅰ．①人… Ⅱ．①王… ②杨… ③潘… Ⅲ．①人力资源开发②人力资源管理 Ⅳ．① F241 ② F243

中国版本图书馆 CIP 数据核字（2020）第 216593 号

责任编辑：闫　星　　责任校对：高　涵　　责任印制：储志伟

中国纺织出版社有限公司出版发行
地址：北京市朝阳区百子湾东里 A407 号楼　邮政编码：100124
销售电话：010—67004422　传真：010—87155801
http://www.c-textilep.com
中国纺织出版社天猫旗舰店
官方微博 http://weibo.com/2119887771
三河市宏盛印务有限公司印刷　各地新华书店经销
2021 年 1 月第 1 版第 1 次印刷
开本：787×1092　1/16　印张：13.25
字数：201 千字　定价：59.00 元

凡购本书，如有缺页、倒页、脱页，由本社图书营销中心调换

前言

人类社会的存在和发展离不开自然资源和人力资源。然而，随着知识经济时代的到来，资本、土地等传统资源要素的优势逐渐减弱，而人力资源要素的重要性越来越突出，人力资源的开发与管理逐渐成为知识经济时代下决定国家、政府、企业与经济发展的关键因素。面对知识经济的兴起、经济全球化和中国加入世界贸易组织后遇到的挑战，如何科学地进行人力资源开发与管理，充分发挥生产要素中最活跃、最主动的因素——人力资源的作用，是我国为加快经济社会发展所必须研究的重要课题，具有重要的现实意义。

在竞争激烈的人才（尤其是高级人才）市场环境中，科学的薪酬绩效管理体系是保证人力资源管理有效运行、人力资源得到优化配置的重要前提。科学的薪酬绩效管理体系能够激发员工的工作热情，让员工为企业创造更多的价值；而不科学的薪酬绩效管理体系不仅会制约企业人力资源管理工作的正常开展，而且会打击员工的工作积极性。

全书共分为八章。第一章论述了人力资源管理的相关概念、角色、职能、组织结构以及人性假设；第二章论述了人力资源开发与管理的基本原理，包括人的哲学原理、人事矛盾运动规律、人力资源开发与管理的原理以及中国古代人力资源开发与管理思想；第三章研究了人力资源开发技术；第四章探究了人力资源开发途径；第五章分析了人力资源管理中的薪酬管理；第六章在第五章的基础上，深入探究了薪酬模式与薪酬方案设计；第七章分析了人力资源中的绩效管理；第八章在第七章的基础上，探究了绩效评价方法和策略。

本书逻辑清晰，层次分明，知识结构完整，在内容设计上力求做到广度与深度并重，立足于当前企事业单位人力资源开发与管理的现实需要，总结了各种人力资源开发和管理的方式、方法，研究并分析了可实施的薪酬绩效管理方案，以满足广大人力资源管理工作者的实际需要。

本书可以作为企业管理专业、经济管理专业等专业的人力资源培训资料，还可以作为广大公共管理专业的师生与人力资源管理方面的专业人士和爱好者的参考资料。

在撰写本书的过程中，笔者参考翻阅了大量论著与文献，在此对这些论著与文献的作者表示衷心的感谢。由于笔者水平有限，本书难免存在纰漏与错误，敬请广大读者提出宝贵意见，并给予批评和指正。

王　铮

2020年6月

目 录

第一章　人力资源管理概述

无论在哪个时期，人力资源在经济活动、政治活动乃至其他社会活动中的作用都是至关重要的。如果没有人力资源，那么物力资源、财政资源、信息资源等因素便毫无价值可言。由此可见，在所有资源活动中，人力资源具有关键性、主导性与必要性的作用。人力资源的这些特点决定了人力资源管理在工商管理与公共管理中具有重要的地位。为了正确认识与运用人力资源管理的相关知识，本章主要就人力资源管理的相关概念，人力资源管理的角色、职能和组织结构以及人力资源管理的人性假设进行了阐述。

第一节　人力资源管理的相关概念

一、人力资源

（一）人力资源的概念

人力资源可以从两个方面来理解，即数量方面和质量方面。数量方面的人力资源是指在一个国家或地区中，处于劳动年龄、未到劳动年龄和超过劳动年龄但具有劳动能力的人口之和；质量方面的人力资源是指在一定时期内组织中的成员拥有的能够被组织所用，并且可以创造一定价值的知识、能力、技能、经验、体力等因素的总称。

（二）人力资源的特点

第一，能动性。人力资源是一种主动性资源，一方面可以通过激励实现资源价值的增长；另一方面也可能因激励不当而导致消极价值产生，严重时可能会影响组织的发展。

第二，不平衡性。因为知识、能力、技能、经验、体力等方面存在差异，所以不同人力资源的效用是不同的，人力资源价值的分布往往会呈现出不平衡性。

第三，消耗性。在使用的过程中，人力资源会受到外界多重因素的影响，从而出现消耗。

第四，连续性。人力资源是一种可以被不断开发的资源，既可以在使用过程中进行开发，也可以通过培训、积累和创造的过程进行进一步开发。

第五，效用性。人力资源与其他资源一样具有使用价值，可以将组织中的其他资源有机地整合起来，对实现组织目标和推动组织发展起着至关重要的作用。[1]

综上所述，由于人力资源具有不同于其他资源的特点，人力资源管理的职能与财务管理、生产管理、市场管理等组织管理的职能相比也有着显著的不同。

二、人力资本

现代人力资源管理理论以人力资本理论为根据。可以说，人力资本理论是人力资源管理理论的基础和重要组成部分，二者都是在研究作为生产要素的人力在经济增长和发展中的作用这一过程中产生的。

（一）人力资本的概念

人力资本是西方经济学的概念，亦被称为“非物质资本”，它比物质、货币等硬资本具有更大的增值空间；特别是在当今的后工业时期和知识经济初期，人力资本具有更大的增值潜力，具有更强的创新性、创造性，具有有效配

[1] 桑玉丽：《论事业单位人力资源管理的特点、问题及对策》，时代经贸，2014（4）：149，164。

置资源、调整企业发展战略等市场应变能力。凭借人力资本，投资者能够在当前和未来一段时间内得到可观的经济利益。

（二）人力资本的特点

第一，溢出性。人力资本的效用与价值会形成典型的溢出效应，通过学习、交流和示范，影响其他人力资本价值的发挥，进而增加组织中的人力资本总量。

第二，不可分性。不同于财务资本、生产资本可以与其所有者相分离的特点，人力资本与其所有者不可分离。

第三，流动性。随着劳动力市场的开放和统一，劳动者的流动性不断增强；受到不可分性的影响，人力资本将与劳动者一同流动。

第四，收益的不确定性。若人力资本所有者没有得到充分激励，就有可能无法实现自身应有的价值，严重者还可能会出现贬值甚至丧失价值的情况。

（三）人力资本投资的途径

在发现人力资本的重要价值后，应该思考如何增加个体的人力资本。研究发现，只有对个体的人力资本进行投资，才能增加人力资本的价值。具体而言，人力资本投资的途径主要包括以下四种。

第一，教育投资。它是指个体以一定的成本支出为代价，获得在正规学校系统地接受初等、中等、高等文化知识教育机会的一种人力资源投资活动。这是所有人力资本投资途径中最普遍也是最重要的途径。

第二，职业培训。它是指企业或其他培训机构为提高个体的生产技术、使个体学习和掌握新技能而组织教育与培训活动，如各种技术培训班、学徒制培训、员工夜校等，侧重于个体的实际生产知识与操作技能的一种人力资源投资途径。

第三，医疗保健投资。它是指通过医疗、卫生、营养、保健等方式，恢复、维持或提高个体的健康水平，进而提高个体生产能力的一种投资途径。

第四，人力迁移投资。它是指通过一定的成本支出，使个体在产业间、地区间或国家间迁移与流动，在满足个体偏好的同时，创造更高经济价值的一种人力资本投资途径。

三、人力资源管理

（一）人力资源管理的概念

人力资源管理是指组织为了实现既定的目标，运用现代管理的措施和手段，对人力资源的取得、开发、维护、运用等方面进行的一系列管理活动的总和。人力资源管理的基本任务是吸引、保留、激励与开发组织所需的人力资源，进而促成组织目标的实现。人力资源管理的职能通常包括人员流入、人员使用、人员维护三个方面，其中人员流入包括人力资源规划、工作分析、招聘与选拔，人员使用包括职业生涯规划、培训与发展、绩效管理、薪酬福利管理，人员维护包括劳动关系管理（图1-1）。人力资源管理的理论和实践基本上都是围绕这些职能展开的。

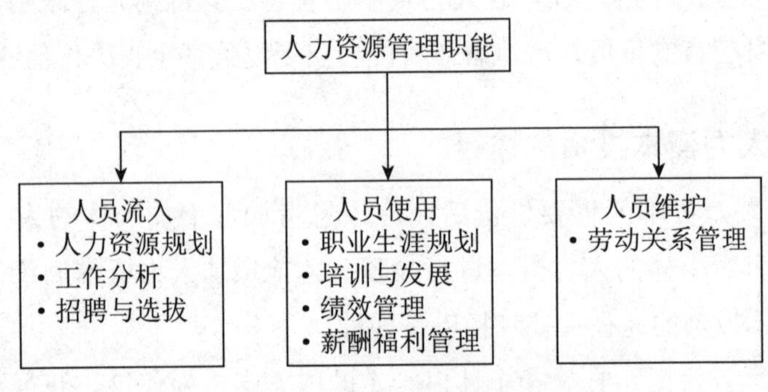

图 1-1　人力资源管理职能

（二）人力资源管理的发展阶段

以企业对个体的管理为例，人力资源管理的发展大致可以划分为三个阶段，即人事管理阶段、人力资源管理阶段和战略性人力资源管理阶段。这三个阶段在转变过程中表现出以下三个突出特点。[1]

1. 组织性质的转变

图1-2是人事管理阶段人事部门的结构图，从图中可以看出这一阶段人事

[1] 安鸿章：《试论战略人力资源管理》，中国人力资源开发，2005（3）：8-12。

部门的地位和作用。在这一阶段，各个层级都会设立在各级直线部门[1]的领导和指挥下，承担着人事管理的服务性和咨询性工作的人事部门。

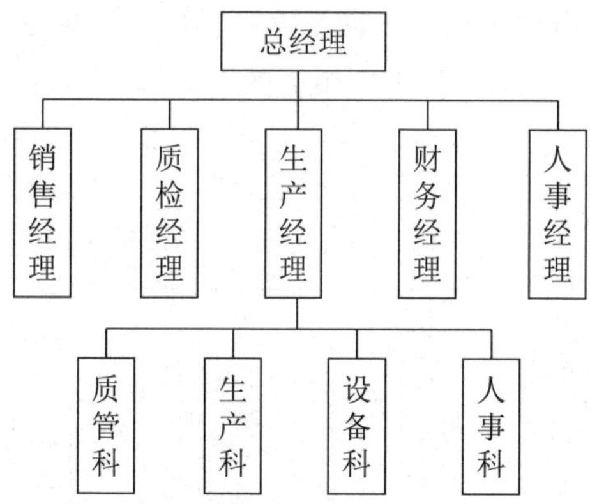

图 1-2　人事管理阶段人事部门结构图

图1-3是人力资源管理阶段人事部门的结构图，从图中可以看出这一阶段人事部门的地位和作用。在这一阶段，人事部门的性质发生了微妙的变化，每个层级的人事部门不仅要受直线部门的指挥和监督，还直接隶属于上一层级。这使得人事部门具有了半独立化的特征，既具有一定的参谋性，又具有一定的决策性。这种组织制度安排，进一步强调了人力资源管理的控制性，以保障各个层级的直线部门可以公平、公正地主管人事管理活动。

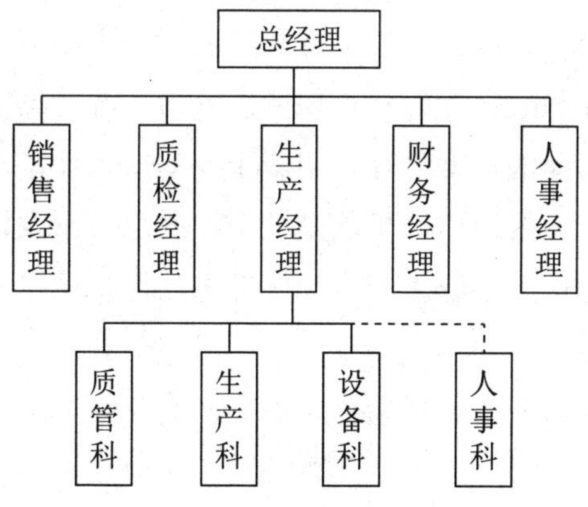

图 1-3　人力资源管理阶段人事部门结构图

[1] 直线部门是指企业各级单位从上到下实行垂直领导，呈金字塔结构，下属部门只接受一个上级的指令，各级主管负责人对所属单位的一切问题负责。

图1-4是战略性人力资源管理阶段人事部门的结构图，从图中可以看出在这一阶段人事部门发生了新变化。在这一阶段，人事部门不再是服务性、咨询性、控制性的参谋部门，而是完全转变为可以直接影响企业整体表现和绩效的重要决策部门，成为企业提升核心竞争力的动力。

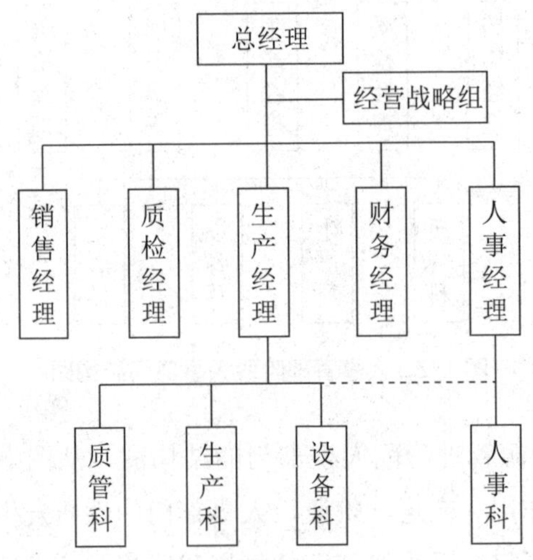

图1-4 战略性人力资源管理阶段人事部门结构图

2. 管理职能的转变

人力资源管理部门性质的转变和人事经理角色的转变实质上是人力资源管理职能转变的具体表现。现代人力资源管理能够不断演进的根本原因在于人力资源管理具有经营性和战略性的双重职能。人力资源管理的经营性职能是维持企业日常生产经营活动的正常运行，实施企业的短期计划，保障基本经营目标的实现；人力资源管理的战略性职能是从企业的总体出发，立足当前谋长远，力求创新企业的管理理念、组织制度和管理方法，从而提升企业在人力资源方面的竞争优势。

总而言之，随着企业外部经营环境的不断变化，人力资源管理职能的重要性也在日益增强。

3. 管理模式的转变

纵观人力资源管理的发展阶段可以看出，人力资源管理实现了从交易性实务管理到方向性战略管理的转变。交易性实务管理强调用正确的方式、方法做好事情，方向性战略管理强调用正确的方式、方法做正确的事情。由此可见，与之前的人力资源管理相比，战略性人力资源管理无论是管理思想还是管理模式都发生了质的飞跃，具有以下几个突出特点。

第一，战略性人力资源管理具有开放性和适应性的特点。人力资源管理要全方位地面向市场，不仅要考虑企业内部条件，而且要重视和适应企业所处的国内与国际环境。

第二，战略性人力资源管理具有系统性和动态性的特点。人力资源管理属于企业总体系统的重要支持分系统，而且企业的人力资源处于不断变化与发展的状态中，这就要求人力资源管理需要不断变化管理的方式和方法。

第三，人力资源管理具有针对性和灵活性的特点。人力资源管理对象的特殊性与人力资源管理目标和要求的多样性决定了人力资源管理的针对性和灵活性。换言之，为了实现更高、更新的管理目标，战略性人力资源管理要采用系统权变管理[1]模式，因人、因事、因时、因地制宜地进行人力资源管理活动。

综上所述，战略性人力资源管理与传统人力资源管理相比，最大的区别在于，在战略性人力资源管理中，人力资源管理部门能够直接参与组织的战略决策，并在明确的组织战略领导下与其他部门相互协调、相互合作，最终共同实现组织的战略目标。战略性人力资源管理又与传统人力资源管理紧密相连，这一点体现在战略性人力资源管理是在传统人力资源管理的基础上，随着企业发展和市场变化的需要逐渐发展起来的，包含传统人力资源管理的部分内容。

第二节 人力资源管理的角色、职能和组织结构

一、人力资源管理的角色

（一）人力资源管理部门的角色

现代企业的人力资源管理部门有如图1-5所示的七种角色。[2]

[1] 权变管理是指根据组织内、外部条件的变化情况做出相应调整的管理行为。

[2] 黄美龙：《人力资源管理的危机与转型》，中国人力资源开发，2003（1）：61-62。

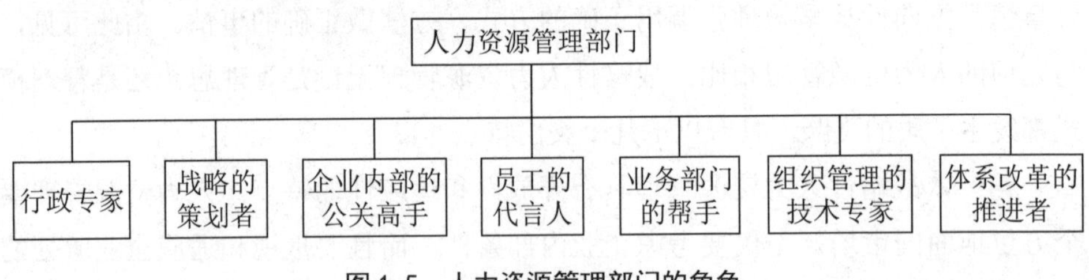

图 1-5　人力资源管理部门的角色

1. 行政专家

人力资源管理部门管理技术的强弱和管理水平的高低体现在档案建立得是否完整，员工信息收集是否到位，招聘流程是否控制得当，培训、薪资、福利、考核和岗位调整是否合理，基本资料的建构、数据分析、资料信息传输是否准确及时等行政工作方面。由此可见，人力资源管理部门是企业行政工作的专家，为企业提供行政事务的支持。

2. 战略的策划者

人力资源管理部门参与企业发展战略的制订，并根据企业发展战略制订人力资源的发展规划，以促进企业发展战略的实现。

3. 企业内部的公关高手

人力资源管理部门是企业和员工之间沟通的桥梁，既要站在企业的角度进行管理，又要站在员工的角度思考问题，使企业与员工相互理解。可以说，人力资源管理部门是企业内部的公关高手，是企业的润滑剂，推动着企业内部进行横向、纵向的沟通；既可以妥善处理员工之间、部门之间、企业与员工之间的各种关系，又可以解决薪资、福利、考核、招聘、培训、工作环境等方面的矛盾。总而言之，人力资源管理部门既能通过沟通创造凝聚力和团队精神，又能推动企业文化和核心价值观的形成，使整个企业拧成一股绳，共同推动企业的发展。

4. 员工的代言人

人力资源管理部门通过关注员工的需求、倾听员工的呼声提高员工的整体满意度；通过协调员工的利益与企业的利益，帮助员工实现自我发展；通过在员工与直线经理之间扮演中间人的角色，促进员工与直线经理的沟通交流。

此外，人力资源管理部门可以在企业管理层的讨论中为员工说话，是员工的代言人。

5. 业务部门的帮手

人力资源管理部门能够及时了解业务部门的具体业务、发展方向，为业务部门提供管理咨询和人事技术的支持，为业务部门提供主动式服务，如主动提供建议和解决方案；还能够通过交流沟通和开设课程，培训并指导业务部门的直线经理，使之能够在日常工作中贯彻人力资源管理观念，并娴熟地运用各种管理方法和技巧。

6. 组织管理的技术专家

人力资源管理部门是组织管理的技术专家，可以帮助企业在薪资设计、招聘渠道、培训方法、绩效管理、员工职业生涯规划等领域进行系统分析和科学诊断，并提供专业的解决方案。

7. 体系改革的推进者

企业内部体系转型的难点是处理内部人事事务，不仅要妥善安排老员工，还要为每一个岗位找到合适的人选。对此，人力资源管理部门从企业的发展战略出发，调动员工的积极性，推动企业体系改革。例如，人力资源管理部门可以通过为企业直线经理提供关于管理技巧、系统分析技术、组织变革、人员变革等方面的咨询，协助直线经理缓解员工面对不确定因素的恐慌情绪，帮助员工调整心态、重新找到自己的定位，从而平稳地推进企业体系改革。

（二）人力资源管理者的角色

人力资源管理工作是企业的核心工作之一，支撑着企业的发展。人力资源管理部门的核心人员——人力资源经理肩负着向上级反馈信息以及领导和指挥本部门工作的任务，责任重大。下面将以人力资源经理为例，分析其角色定位。

随着企业人力资源管理目标、部门性质和地位的转变，人力资源经理的角色必然也发生了变化。近年来，有人力资源管理专家从管理程序、管理对象、管理期限（短期和长期）以及管理性质（战术性和战略性）四个维度，具体分析了人力资源经理在企业经营管理中的新角色定位（图1-6）。

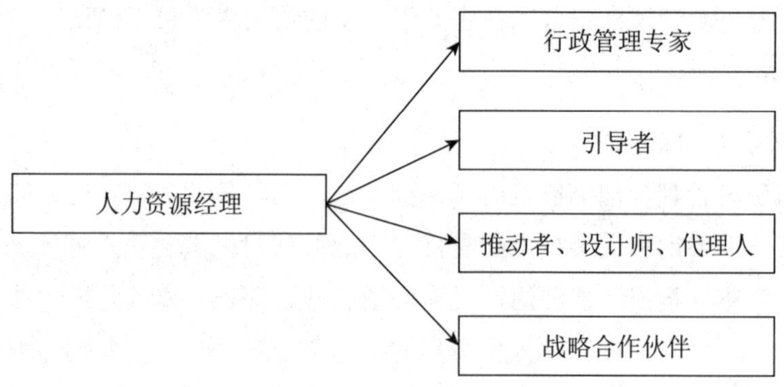

图 1-6　人力资源经理的角色定位

从管理程序和短期战术性操作的维度来看，人力资源经理是构建人力资源管理各项基础工作、组织绩效评估、设计薪酬制度、实施员工管理的行政管理专家。

从管理对象（员工）和短期战术性操作的维度来看，人力资源经理是了解并尽可能地满足员工的需求，从而使员工为企业做出贡献的引导者。

从管理对象（员工）和长期战略性操作的维度来看，人力资源经理是企业员工培训与技能开发的推动者，是企业发展和改革的设计师，是企业管理的代理人。

从管理作业运作和长期战略性操作的维度来看，人力资源经理是企业经营的战略合作伙伴，不仅要将人力资源管理与企业发展战略有机地结合起来，制订适应企业内外环境和条件的战略规划，而且要运用各种手段和方法，有效地实施、监督和反馈战略规划，最终实现战略规划目标。

二、人力资源管理的职能模式

（一）以产品为导向的职能模式

以产品为导向的职能模式是传统人力资源管理职能模式的主要代表，具体如图1-7所示。这一模式的特征是其组织模式以工作内容为基础，专注于职能管理的内容。[1]

---

[1] 李新建，刘钊，付美云：《客户导向的人力资源管理职能模式探讨》，中国人力资源开发，2009（5）：97-100，104。

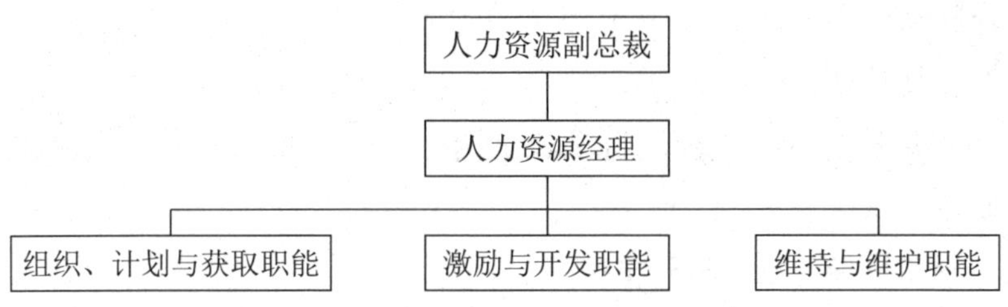

图 1-7　以产品为导向的职能模式

在以产品为导向的职能模式中，人力资源管理的主要职能包括以下三个方面。

1. 组织、计划与获取职能

人力资源管理的组织、计划与获取职能是指人力资源管理在企业的组织结构设计与调整、人力资源规划以及人员招募与选聘三个方面发挥的作用。

（1）组织结构设计与调整职能

人力资源管理的组织结构设计与调整职能包括根据企业战略进行组织结构设计，根据企业内外环境的变化及企业发展的要求进行组织结构的再设计，根据工作分析的结果调整组织结构，等等。

（2）人力资源规划职能

人力资源管理的人力资源规划职能是指企业为了达到组织结构目标，按照有关人事政策、程序、惯例所进行的，确保适当数量、质量和结构的人力资源在适当的时候担任适当职务的计划活动。

（3）人员招募与选聘职能

人员招募是指企业寻找合适的员工，并吸引他们到企业应征；人员选聘是指企业根据用人条件和标准，运用适当的方法和手段对应聘者进行审查、选择。

2. 激励与开发职能

人力资源管理的激励职能主要体现在绩效考核、薪资管理等环节上；人力资源管理的开发职能主要体现在员工引导、培训、开发以及职业生涯规划与管理上。

（1）绩效考核

人力资源管理部门通过绩效考核明确员工的工作绩效，从而有针对性地对员工进行激励与开发。

（2）薪资管理

人力资源管理部门主要通过发放工资与奖金，发挥人力资源管理的激励与开发职能。

（3）员工引导、培训与开发

员工引导是指人力资源管理部门引导新员工尽快熟悉环境，消除他们的焦虑感，帮助他们尽快完成社会化及企业化的过程；员工培训与开发主要着眼于企业人力资源的保值与增值。

（4）员工职业生涯规划与管理

职业生涯规划是员工对自己未来一段时间甚至一生的工作情况的规划。人力资源管理部门主要从企业发展和人力资源开发的角度出发，主动帮助并积极引导员工进行职业生涯规划。

3. 维持与维护职能

人力资源管理的维持与维护职能主要体现在福利管理、职业安全与卫生、辞职与辞退管理以及人事纪律上。

（1）福利管理

企业福利主要包括员工的生活福利和文化福利。做好福利工作有利于稳定员工队伍，增强员工的工作积极性，这也是人力资源管理部门发挥维持与维护职能的表现之一。

（2）职业安全与卫生

人力资源管理部门为员工提供职业安全与卫生服务，包括安全管理、职业病防治、工伤管理、女员工保护等具体工作条件，也可以发挥维持与维护职能。

（3）辞退与辞职管理

人力资源管理包括“进”“管”“出”等环节，其中辞职与辞退管理属于“出”管理。人力资源管理部门为了保证企业人力资源的数量和质量，发挥维持与维护的职能，会在尽量避免优秀员工辞职的同时，辞退不合格的员工。

（4）人事纪律

纪律是带有强制约束力的行为规范，是维护组织正常运转的重要保障。为了保证企业人力资源管理的效率与效果，人力资源管理部门有必要制订一系列纪律及其配套的奖惩措施，这也是其维护职能的一种表现。

总体而言，以产品为导向的人力资源管理职能模式虽然有以上良好的职能体现，但是也存在明显的功能缺陷。例如，只关注现有流程的完成情况，不关注企业和客户需求的变化；只关注做了哪些工作，不关注这些工作为企业和员工创造的价值；其价值导向是只计“产品”而不计“回报”，使得人力资源管理过程与企业战略和服务对象相分离，导致人力资源管理者在企业价值增值中的贡献无法得到证明，甚至无法避免人力资源管理工作被精简、外包的风险。

（二）以客户为导向的职能模式

在以客户为导向的职能模式中，客户是价值链的起点和最终环节，是人力资源管理过程的核心；客户需求是对人力资源服务的期待，满足客户需求的过程就是人力资源发挥职能和体现职能的过程。这里所指的客户可以分为内部客户与外部客户两类。内部客户是指存在于组织内部并对人力资源具有需求的个体或组织，包括企业高管、各职能部门、员工和组织内工会等；外部客户是指存在于组织之外的个体或组织，包括企业客户、供应商、政府机构和公益性组织等。

以客户为导向的人力资源管理职能分为很多模式，其中得到广泛应用的模式有三种。沃克模式是美国学者詹姆斯·沃克（James Walker）在总结了一些美国公司的实践经验的基础上提出的，强调按照内部客户层次设计人力资源管理部门，以实现产品提供与客户服务一体化。尤里奇模式是由美国学者戴维·尤里奇（Dave Ulrich）提出的，该模式的优点是全面、系统，其核心内容是四个团队和两个中心的运作。科尼斯模式是由科尼斯·安德鲁斯（Kenneth Andrews）提出的，该模式较严格地界定了人力资源职能运作中的客户服务传递机制和管理流程。很多人力资源管理专家在综合以上三种模式的优点后，又开发出了很多更优的人力资源管理职能模式。目前，企业中常见的以客户为导向的人力资源管理职能模式如图1-8所示。

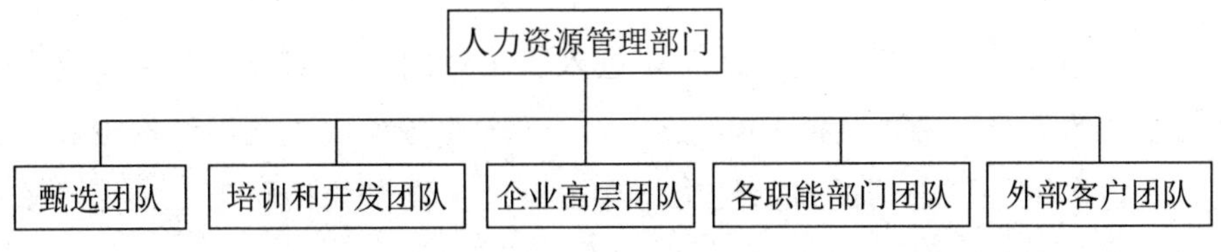

图1-8　常见的以客户为导向的人力资源管理职能模式

人力资源管理部门应根据不同的客户需求，确定运用哪些技术满足客户的需求；甄选团队需要确保所有被挑选出来的应聘者都具有能为企业带来价值增值的知识、技术和能力；培训和开发团队需要通过为员工提供发展机会确保员工人力资本的提升，从而为企业创造更高的价值；企业高层团队需要对员工的技能进行投资，并为员工所付出的努力提供等价的回报；各职能部门团队需要帮助员工通过自身的知识、技术和能力完成相应的任务，实现相应的目标，进而创造一定的价值；外部客户团队需要保证为企业带来一定的收益。

总而言之，以客户为导向的人力资源管理职能模式能够帮助人力资源管理部门明确自己的客户、客户的需求以及满足客户需求的方式，帮助人力资源管理部门尽快成为企业的战略合作伙伴。

三、不同发展阶段人力资源管理部门的组织设计

（一）低级阶段

在创业初始时期（企业发展的低级阶段），企业的人员一般在几十人左右。企业的人力资源管理部门只设置了1～2个专员，主要负责户口、档案、保险和少量招聘工作。低级阶段人力资源管理部门的组织结构如图1-9所示。[1]

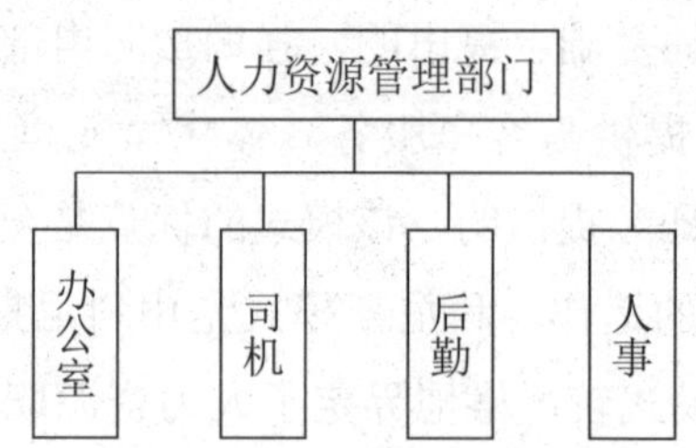

图 1-9　低级阶段人力资源管理部门的组织结构

（二）初级阶段

企业进入正常的运作轨道后，就进入了企业发展的初级阶段。在这个阶段，企业的人员一般能达到100～200人，各个业务模块的组织结构也逐步建立，人力资源管理部门的日常性工作交由专人负责，如招聘工作、工资核算

[1] 张建国：《人力资源部的组织体系设计》，中国人力资源开发，2003（2）：50-51。

等。此外，在初级阶段，企业开始重视对员工的培训，会不定期邀请外部讲师对员工进行专题培训，但培训的目的性不强。初级阶段人力资源管理部门的组织结构如图1-10所示。

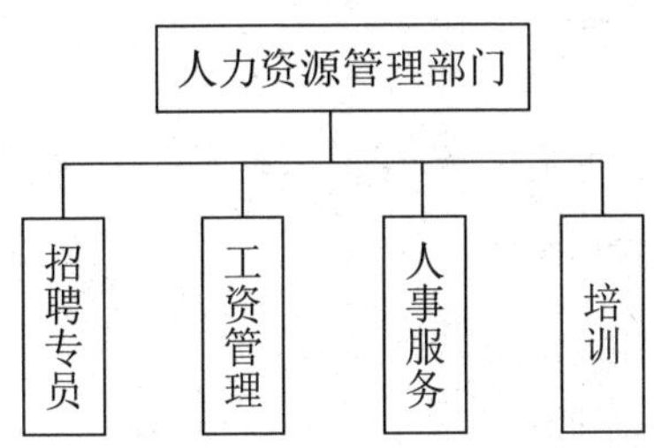

图 1-10　初级阶段人力资源管理部门的组织结构

（三）中级阶段

企业发展到一定规模并在市场中占据一定地位后，就进入了企业发展的中级阶段。在这个阶段，企业的人员一般在500人左右，已经明显意识到人力资源管理的重要性，认识到人力资源管理会直接影响员工的工作积极性和企业战略目标的有效实施。中级阶段人力资源管理部门的组织结构如图1-11所示。

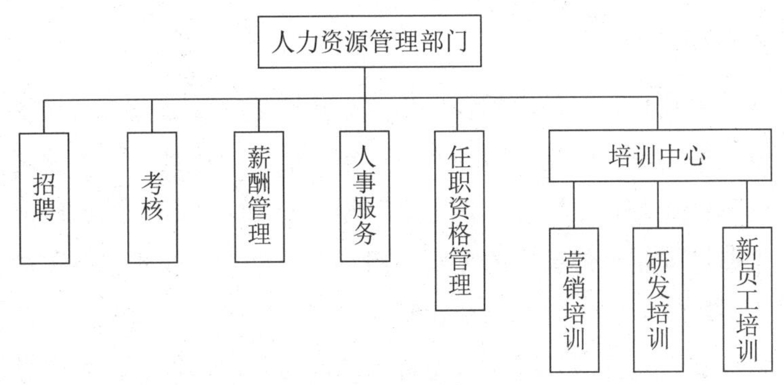

图 1-11　中级阶段人力资源管理部门的组织结构

中级阶段人力资源管理部门的组织结构是初级阶段人力资源管理部门组织结构的升级。与初级阶段人力资源管理部门的组织结构相比，中级阶段人力资源管理部门新增的工作主要包括以下三个方面。

1. 考核

为了响应企业高层关于根据对员工业绩的客观评价实现按劳分配的意见，企业建立了考核制度，定期对员工业绩进行评价。

2. 薪酬管理

在薪酬管理工作中，除了简单的工资核算外，还包括设计和实现有效的奖金分配制度和系统化的工资制度。

3. 对员工能力的管理

为了尽快提升各级管理者和员工的职业化水平，处于中级阶段的企业强化了培训中心的力量，加大了培训的力度。但是，大量的培训投入并不意味着能够达到预想的效果，因为培训内容与员工的实际工作内容不完全相符。因此，有些企业设计了关键职位员工的任职资格等级体系。通过任职资格体系，可以明确各类优秀员工的工作标准，通过分析工作标准与员工实际工作能力的差异，有针对性地设计培训课程。

综上所述，在中级阶段，人力资源管理部门实现了制度化的转变，期望通过有效的人力资源管理制度，实现留住人才、培育人才、激励人才的目标。

（四）高级阶段

在企业发展到具有相当大的规模后，如集团下属多个分公司（事业部），或者企业组织结构下的研究、市场、生产等职能部门达到相当大的规模，就进入了企业发展的高级阶段。这一阶段每个职能部门的人员一般会在300人以上，人力资源管理对企业经营运作的重要作用完全凸显，企业要想有所进步，就必须要做好人力资源管理。因此，企业会在总部设立人力资源总部，在各分公司（事业部）设立人力资源分部。人力资源总部与分部在行政关系上可能存在两种形态：一种是人力资源分部的行政管理归属于人力资源总部，即分部人员的工作由总部安排。这种管理模式的优点是执行力度强，缺点是分部人员较难融入分公司（事业部）的实际业务工作中。另一种是人力资源分部的行政关系归属于所在的分公司（事业部），人力资源分部的业务归总部管理。这种管理模式的优点是可以大幅提高人力资源管理的有效性，缺点是会减弱人力资源总部对分部的管理力度。高级阶段人力资源管理部门的组织结构如图1-12所示。

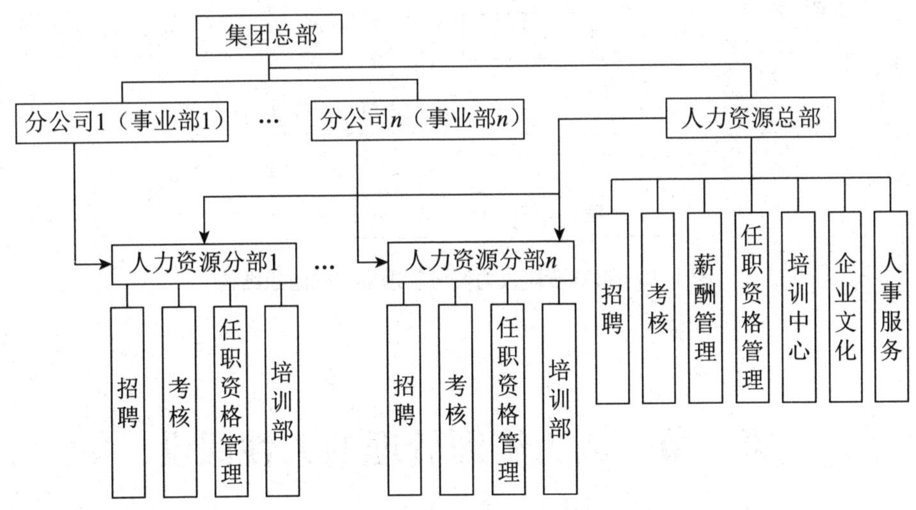

图 1-12　高级阶段人力资源管理部门的组织结构

在高级阶段中，人力资源总部的管理作用主要体现在把握人力资源管理的总体政策和总方向，完善人力资源管理的组织体系，系统地策划、组织和推进人力资源管理体系的建设，在全企业（包括总部和分公司）范围内推动企业文化的建设，完成人力资源管理整体协调与监督的工作。

在高级阶段中，人力资源分部管理的作用主要体现在结合分公司的业务特点制订相关的人力资源管理要素，如考核要素、任职资格标准等，具体推进人力资源管理工作，使各部门主管和员工都能够准确理解人力资源管理制度；运用人力资源管理工具，有效推进企业人力资源管理总目标的实现。

（五）最高阶段

在企业发展的最高阶段，各级管理者经过中级阶段、高级阶段人力资源管理体系的系统化建设，已经能够熟练运用人力资源管理的方法与工具，成为职业化的人力资源管理者。在这一阶段，可以由外聘的人力资源专家团制订人力资源管理的政策和策略，取消企业内部的人力资源管理部门。最高阶段人力资源管理部门的组织结构如图1-13所示。

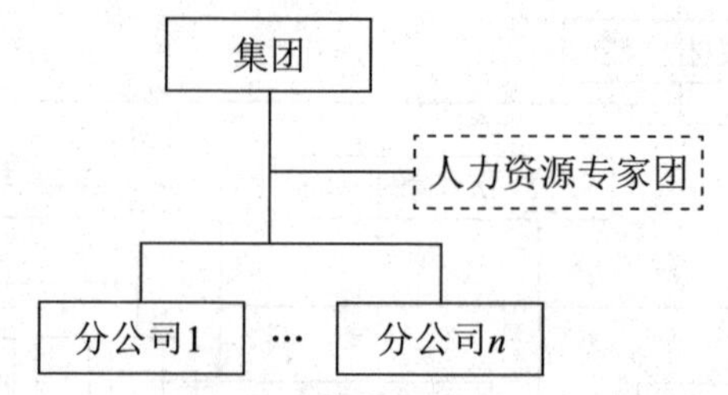

图 1-13　最高阶段人力资源管理部门的组织结构

第三节　人力资源管理的人性假设

人力资源管理的对象是人，要想对人力资源进行有效的管理，就必须具备一个前提——以对人性的研究为基础，在准确界定人性的基础上，选择合适的管理方式。基于此，本节主要研究人力资源管理中的人性假设，具体内容包括X、Y、Z理论和X、Y、Z理论在人力资源管理中的应用。

一、X、Y、Z 理论

（一）X 理论

1957年，在《企业中人的方面》一文中，美国行为科学家道格拉斯·麦格雷戈（Douglas M. Mc Gregor）提出了将人性假设为厌恶工作、逃避责任的理论，并将其称为“X理论”。X理论的主要观点如下。

第一，人类本性大多是趋利避害、好逸恶劳，总是尽可能地逃避工作。

第二，要想使绝大多数人努力工作，实现组织目标，必须通过强迫、处罚、威胁等方式。

第三，大多数人秉持着得过且过、逃避责任的观念，最重视个人安全。

X理论以人性本恶为出发点，将“人”看作自私自利、好逸恶劳、趋利避害的个体。在这种理论假设的前提下，人力资源管理活动只重视制度与物质手段，忽视了人的尊严和情感需求，扼杀了人的积极性和主动性，具有明显的局限性。但是，直到现在仍有部分人力资源管理者还在使用这种人性假设开展人力资源管理活动。

（二）Y 理论

在发现了X理论的局限性之后，麦格雷戈又提出了与X理论相对的Y理论。Y理论是将人性假设为喜爱工作、发自内心地愿意承担责任的理论，其主要观点如下。

第一，从本质上看，工作和游戏都可以成为快乐的源泉，不一定是被迫的。

第二，外力的控制和处罚不是促使个体为组织目标做出努力的唯一手段，个体在完成承诺的目标时，会进行自我指导与控制。

第三，目标的完成程度既与个体的绩效相关，又与个体的薪酬挂钩。

第四，在适当条件下，个体不仅可以学会接受任务，还可以学会承担组织任务。

第五，在解决组织问题时，大多数个体都具有较高水平的想象力、反应力和创造力。

不同于X理论，Y理论反对把人看作与动物一样趋利避害、好逸恶劳、不负责任的个体，它认识到了劳动的本质是为了区别人与动物，同时发现了人的主观能动性和创造力。总而言之，Y理论是对X理论的发展，强调人的社会属性，可以将Y理论应用于人力资源管理活动中。[1]

（三）Z 理论

1981年，日裔美籍学者威廉·大内（William Ouchi）出版了《Z理论——美国企业界怎样迎接日本的挑战》一书，并在书中提出了Z理论。Z理论的基本论点如下。

第一，畅通的管理体制。管理体制应保证下情能够充分上达，要让员工参与决策，及时反馈信息。在制订重大决策时，要鼓励员工提出建议，然后再由上级集中判断。

第二，基层管理者享有充分的权利。基层管理者既要有处理基层问题的权力，又要有能力协调员工的思想和见解，激发员工的积极性，与员工共同制订

---

[1] 赵天闻：《现代人力资源管理中人性假设理论的介绍及评析》，中国科技期刊数据库 科研，2017（1）：15。

集体的建议方案。

第三，中层管理者发挥着承上启下的作用。中层管理者要发挥统一思想的作用，统一向上汇报有关情况，提出自己的建议。

第四，长期雇佣员工，及时整理和改进来自基层的意见。企业要长期雇佣员工，增强员工的安全感和责任心，使其与企业同荣辱、共命运。

第五，关心员工的福利。管理者要关心员工的福利，让员工保持心情舒畅，营造上下级关系融洽、亲密无间的氛围。

第六，创造生动的工作环境。管理者不能只关心生产任务的完成情况，还应设法让员工不会感到工作枯燥、单调。

第七，重视员工的培训。要重视员工的培训工作，从不同方面培养员工的能力。

第八，长期坚持对员工的考核。考核员工的表现时，应全面评定员工的表现，使考核结果成为员工升职加薪或降职减薪的依据。

经过研究可以发现，X、Y、Z理论之间存在某种联系，而且这三种理论都是可以应用在人力资源管理中的人性假设，如图1-14所示。

X理论 强势管理	+	Y理论 参与管理	=	Z理论 综合运用
假设人： 逃避责任 厌恶工作 不愿思考		假设人： 接受任务 喜欢挑战 富有潜力		假设人： 物质＋精神 惩罚＋激励 制度＋人性 （X）（Y）

图1-14　X、Y、Z理论之间的联系

二、X、Y、Z理论在人力资源管理中的应用

（一）X理论在人力资源管理中的应用

X理论认为，人力资源管理部门应采用经济、物质等手段刺激员工。在实际应用中，X理论在人力资源管理中的应用有以下几种表现形式：以员工能够高效完成工作任务为中心；完善组织内部规章制度，维护管理阶层的权威；利用物质奖励给予激励，大量奖励优秀员工，给消极员工以严厉惩罚，形成巨大

的反差效果。现如今，很多企业利用这一原理和管理模式有效地管控着员工的工作效率，如日本丰田公司等。

（二）Y 理论在人力资源管理中的应用

在实际生活中，Y理论在人力资源管理中的应用有以下几种表现形式：企业要为员工营造能够发挥其能力的工作环境，通过具有挑战性的工作内容激发员工的潜在能力，使企业目标与员工的个人目标同步实现；尊重员工的个性，给予员工更多的自主权，在员工的个人才能和创造力在得到充分发挥的同时，使员工的个人价值最大化。此外，将Y理论应用于人力资源管理时，为了满足员工实现自我价值及个体进步的需求，应该给员工布置更具挑战性的工作，使员工承担更多组织内的责任。

根据Y理论管理人力资源的初期，管理者可以通过一定的薪酬刺激员工发挥其潜力；当员工获得较高的薪酬后，管理者可以通过满足员工深层次的需求，如社会知名度、自我提高、受人敬仰等，刺激员工更加努力地工作。

（三）Z 理论在人力资源管理中的应用

在实际生活中，Z理论在人力资源管理中的应用有以下几种表现形式：员工抱着不同的目的与需要进入企业，表现出不同的行为。对于懒散不愿负责、不愿参与企业决策的员工，应当通过企业制订的规章制度严加管束；对于心态积极，具有极强责任感，乐于承担、乐于奉献的员工，应当给予他们足够的发挥空间与尊重，帮助其实现自我价值。总而言之，企业的人力资源管理方式和方法应当因人而异、“对症下药”。

第二章 人力资源开发与管理的基本原理

现代社会发展迅速，经济全球化已经成为当代经济的重要发展趋势。随着经济全球化的深入发展，市场竞争的激烈程度也在不断增加，企业面临的形势也越来越严峻。企业的人力资源管理工作为企业提供了稳定的人才基础，是企业发展的重要基础。人力资源管理水平的高低会直接影响企业自身的发展水平，进而还会影响企业能否在激烈的竞争中站稳脚跟。基于人力资源管理对企业的影响，笔者认为有必要研究人力资源开发与管理的基本原理。

第一节　人的哲学原理

一、马斯洛的需求层次理论

人的需求最能反映人的本质。关于人的需求的理论很多，其中最著名的是美国心理学家亚伯拉罕・马斯洛（Abraham Maslow）提出的“需求层次理论”。马斯洛把人的基本需求分为五个层次（图2-1）。

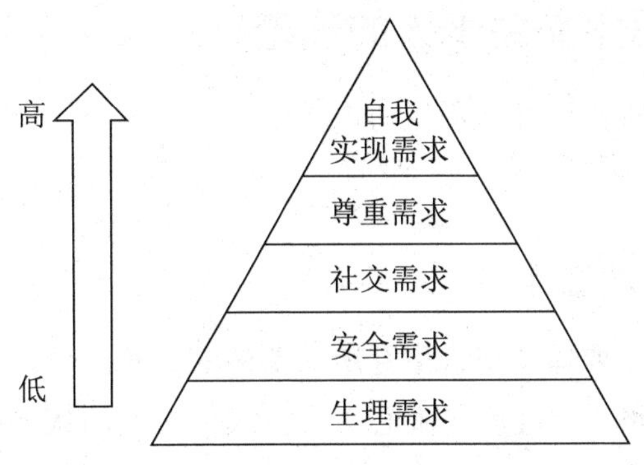

图 2-1　马斯洛的需求层次理论

图2-1中各个需求层次所包含的内容从低到高排列如下。

生理需求：人们在衣、食、住、行等方面维持生存的基本需求。

安全需求：人们对失业保障、医疗保障、养老保障、生产安全、社会治安、环境污染等方面的需求。

社交需求：人们与人交往的需求，归属团体的需求，对友谊、爱的需求，建立良好人际关系的需求。

尊重需求：人们对自尊的需求，受别人尊重的需求，包括上级或同事的认可以及荣誉、地位、工作晋升等。

自我实现需求（也称为“成就需求”）：人们充分发挥个人聪明才智后取得成就，实现个人价值的需求，是人的需求中最高层次的需求。

一般而言，生理需求和安全需求属于较低层次的、物质方面的需求；社交需求、尊重需求和自我实现需求属于较高层次的、精神方面的需求。马洛斯认为，人的需求遵循递进规律，在较低层次的需求得到满足之前，较高层次的需求强度不会很大，更不会成为主导需求。对于人类而言，这五种需求通常是同时存在的，但因为不同个体对于不同需求的需要强度不同，所以会呈现出不同的需求结构。此外，马斯洛还认为，需求产生动机，动机促成行为。在若干需求中起着主导作用的最强烈的需求，叫作主导需求；在若干个动机中，强度最大的动机，叫作优势动机。主导需求产生的优势动机是人们行为产生的直接原因。通过调查研究并掌握本企业内部员工的需求层次和需求结构，是做好人力资源开发与管理工作的基础和前提。

二、马克思主义关于人的理论

马克思主义把唯物辩证法用于对人的研究，并得出了一系列科学的结论，主要包括以下三个方面。

（一）人的自然属性

人的自然属性主要体现在人生存所需要的衣、食、住、行等方面。马克思主义出现之后，唯物主义战胜了唯心主义，人们对人的认识有了质的飞跃。德国思想家恩格斯（Engels）曾说："我们连同我们的肉、血和头脑都是属于自然界和存在于自然界的；我们对自然界的整个统治，是在于我们比其他一切动物强，能够认识和正确运用自然规律。"[1]这段话阐述了两个事实：一方面，人属于自然界，是人的自然化；另一方面，人统治自然界，是自然界的人化。同时，这句话还揭示了一个真理：人是客观存在，是可以被认识的。

恩格斯认为："人来源于动物界这一事实已经决定了人永远不能摆脱兽性，所以问题永远只能在于摆脱得多一些或少一些。"[2]此外，俄国生理学家伊万·彼德罗维奇·巴甫洛夫（Ivan Petrovich Pavlov）发现了人与动物共有的三种非条件反射[3]，即食物反射、防御反射和性反射，以及在此基础上形成的某些条件反射[4]。

综上所述，人的自然属性表现为三点：第一，人是自然界的一部分，人离不开自然界；第二，人要在自然界生存和发展，总会受到自然规律的制约；第三，人与动物一样也有欲望。

（二）人的社会属性

人的本质是人的社会性。马克思理论认为："人的本质并不是单个人所固

---

[1] 中共中央马克思恩格斯列宁斯大林著作编译局：《马克思恩格斯选集》（第三卷），北京：人民出版社，1995：517-518。

[2] 中共中央马克思恩格斯列宁斯大林著作编译局：《马克思恩格斯选集》（第三卷），北京：人民出版社，1995：104。

[3] 非条件反射是指外界刺激与有机体反应之间与生俱来的固定神经联系。

[4] 条件反射是指在一定条件下，外界刺激与有机体反应之间建立起来的暂时神经联系。

有的抽象物。在其现实性上，它是一切社会关系的总和。”[1]由此可见，人的社会性具有以下四个方面的含义。

第一，人不能离开社会群体，必须在社会中生存，马克思理论认为：“人是最名副其实的政治动物，不仅是一种合群的动物，还是只有在社会中才能独立的动物。”[2]

第二，人除了生存需求之外，还存在很多其他社会需求，如安全需求、社交需求、自尊需求、自我实现需求等。这些需求都来自社会，并且也只能通过社会才能得到满足，存在客观的社会性。

第三，人的需要存在着客观的社会尺度。马克思理论认为：“我们的需要和享受是由社会产生的，因此，我们对于需要和享受是以社会为尺度，而不是以满足它们的物品去衡量的。”[3]人的需要具有时代性，不同时代的科学技术和生产力水平不同，人们的生活方式也不同，人们的需要自然也会带有明显的时代特征。以饮食为例，中国人在20世纪60年代的饮食特点是主食型、素食型，20世纪90年代的饮食特点逐渐走向副食型、肉食型。

第四，人的全面发展取决于社会的发展高度。社会制度优劣的主要标志之一是精神文明和人的全面发展。人的全面发展是人力资源开发与管理的重要内容，它依赖于社会的发展高度。人类推动自身全面发展的一个重要途径是教育。马克思指出：“生产劳动要同智育和体育相结合，它不仅是提高社会生产的一种方法，还是造就全面发展的人的唯一方法。”[4]这不仅包括文化知识、技术技能的教育，还包括品德和作风的教育。因此，在人力资源开发与管理中，教育也处于关键地位。

---

[1] 中共中央马克思恩格斯列宁斯大林著作编译局：《马克思恩格斯选集》（第一卷），北京：人民出版社，1995：18。

[2] 中共中央马克思恩格斯列宁斯大林著作编译局：《马克思恩格斯选集》（第二卷），北京：人民出版社，1995：2。

[3] 中共中央马克思恩格斯列宁斯大林著作编译局：《马克思恩格斯选集》（第一卷），北京：人民出版社，1995：368。

[4] 中共中央马克思恩格斯列宁斯大林著作编译局：《马克思恩格斯选集》（第 23 卷），北京：人民出版社，1995：530。

（三）人的思维属性

人与动物的本质区别在于人能够思考、有思想。根据马克思主义理论，认识过程可以分为三个阶段：第一个阶段是感性阶段，即对个别事物的感觉知觉表象；第二个阶段是知性阶段，即对事物之间的关系进行分析、归纳和演绎；第三个阶段是理性阶段，即通过辩证思维形成概念并研究概念的本质。其中，第一、二阶段是人和动物所共有的，第三阶段是人所独有的，因为辩证思维是人独有的，能反映出人的本质。于是，便形成了“观念人假设”——人的行为受其观念的影响。由此可见，理想、信念、价值观、道德观等对于人力资源开发与管理来说十分重要。

综上所述，马克思主义理论认为，人是人的自然属性、社会属性和思维属性的辩证统一体，而且这三者统一在人的实践活动之中。

第二节　人事矛盾运动规律

一、人事矛盾的一般规律

人力资源开发与管理的出发点和落脚点都是“做事”，人与事的矛盾是人事管理的基本矛盾，贯穿于人力资源开发与管理的全过程。

人与事的矛盾可以分为三个方面：第一，事的总量与人的总量的矛盾；第二，事的类型结构与人的能力结构、素质类型的矛盾；第三，具体岗位（职位）与个人资格素质的矛盾。无论是国家或地区，还是企业或组织，这三个矛盾都是普遍存在的，并表现出以下特征：人与事的对立统一关系；人与事之间，不适应是绝对的，适应是相对的；不平衡是绝对的，平衡是相对的。

随着社会的发展，人与事都处在变化和发展之中，人与事之间的关系会一直经历不适应—适应—再不适应—再适应……的循环往复过程。

二、人事矛盾产生的客观原因

人与事之间之所以会产生矛盾，必然有一定的客观原因，主要包括以下四个方面。

（一）人和事都处在动态的发展之中

人们用“波涛汹涌”形容江海的运动，用“逝者如斯夫”感叹世间万象的变化和时间的流逝。这描述了一个普遍真理：世界处在不断变化之中。同理，随着生产力的发展，科学技术的进步，教育事业也日新月异，社会思想、文化也在不断变迁。由此可见，人和事都处在不断的发展变化之中。

（二）人和事的发展变化不可能完全同步

人和事的发展变化各有其客观规律，带有必然性；受许多因素的影响，人和事发展变化的过程极其曲折，具有一定的偶然性。一般来讲，人对事的认识有一个从感性到理性的过程，人对事的适应会存在滞后的现象；当人能对事的变化做出准确的预判时，人对事的适应可表现出一定的超前性。总而言之，人和事的发展变化往往是不同步的。

（三）人和事都存在个体差异性

在世界上找不到两片完全相同的树叶，也找不到两个完全一样的个体。不同的个体无论在智力、体力、知识、技能方面，还是在性格、兴趣、爱好、志向、信念、价值观、作风方面，都有自己的特点。同样，事与事之间也不可能完全一样，不仅不同单位中的不同职务所面对的事不同，而且不同单位的同类职务甚至同一单位的同类职务所面对的事也是不同的。总而言之，人或事的个体差异性，造就了世界的多元化。

（四）人和事的具体搭配受许多客观条件的限制

人和事的具体搭配受许多客观条件的限制，这些客观条件具体表现在以下五个方面。

第一，受到计划的局限。人力资源开发计划与事务发展计划不可能是十全十美的，往往存在许多问题和漏洞。

第二，人力资源存在单位、地域、民族、国家之间的局限性和竞争性，在一定程度上阻碍了人力资源的合理流动。

第三，劳动力市场和人才市场存在一个发展与完善的过程，因此劳动力和人才的流动具有不可控性。

第四，不同国家或地区有着不同的社会制度、社会习俗、生活方式、思维方式和文化环境等，事的性质和特点也不同，给不断流动着的人力资源带来了困难和障碍。

第五，由于交通运输的影响，电信行业发展受到了限制，信息的沟通和人员的流动受到很大程度的制约，人与事的搭配不可能是最佳的。

三、人力资源开发与管理的基本职能

人力资源开发与管理的基本职能主要包括以下五个方面，如图2-2所示。

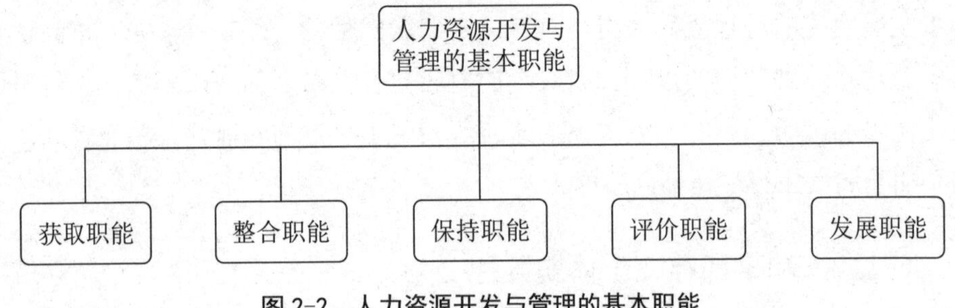

图 2-2　人力资源开发与管理的基本职能

（一）获取职能

获取职能是指人力资源管理根据企业目标确定所需员工的条件，通过规划、招聘、考试、测评、选拔等环节获取企业所需人员。获取职能具体包括工作分析、人力资源规划、招聘、选拔等活动。

（二）整合职能

整合职能是指通过企业文化、信息沟通、和谐的人际关系、矛盾冲突的化解等方面的有效整合，使企业内部个体或群众的目标、行为、态度趋向企业的要求和理念，使之高度合作与协调，发挥集体优势，提高企业的生产力和效益。

（三）保持职能

保持职能是指通过薪酬、考核，晋升等一系列管理活动，维持员工的积极性、主动性、创造性，维护员工的合法权益，保证员工能够有安全、健康、舒适的工作环境，增强员工的满意感，从而使员工能够安心地工作。

（四）评价职能

评价职能是指对员工工作成果、劳动态度、技能水平及其他方面进行全面的考核、鉴定和评价，为管理层做出奖惩、升降、去留等决策提供依据。评价职能具体包括工作评价、绩效考核、满意度调查等。

（五）发展职能

发展职能是指通过员工培训、工作丰富化、职业生涯规划与开发，促进员工知识、技巧和其他方面素质的提高，使员工的劳动能力增强并得到充分发挥，最大限度地实现员工的个人价值，将其对企业的贡献率最大化，从而达到员工个人和企业共同发展的目的。

总而言之，人力资源开发与管理的基本职能是认识人与事对立统一的规律（矛盾运动的规律），能动地推动人与事各自的发展与优化配合。

第三节　人力资源开发与管理的原理

一、要素有用原理

按照要素有用原理，在人力资源开发与管理中，任何要素（人员）都是有用的，关键是为它找到或创造出能发挥其作用的环境或条件。换言之，一个组织不存在无用之人，只存在没有用好之人，只要用得好，人人都可以成为有用之人。对此，我们可以从以下两个方面理解：其一，“天生我才必有用”，每个人都是待开发的金子，只要遇到合适的时机，就会绽放出属于自己的光彩。其二，人具有两极性的特征。人格心理学家柯林斯（Collins）认为：“人是生物性的动物，也是社会性的动物；是命运的主宰，也是命运的奴隶；是理性的，也是非理性的；是驱策者，也是被驱策者。只有将每方面的行为都放在他应有的位置，我们对行为才得以完全解释清楚。在构成宇宙的一切动态系统中，当推人类最为复杂。”[1]由于人具有两极性的特征，这为我们发现人才、了解人才和任用人才增添了诸多困难。

总而言之，按照要素有用原理，进行人事开发管理的措施可以分为三点：首先，要承认人的能力、知识、价值观是有差异的，是多元化的；其次，根据每个人的知识、能力、经验等要素，将其配置到合适的岗位上；最后，要善于发现员工的特点，用其所长，避其所短。

二、能级层序原理

能级层序原理来源于物理学。在物理学中，以氦原子为例，其内部有两个带正电的原子核，其外部第一层有两个带负电的电子，且其第一层最多只能放两个电子，由此构成了氦原子稳定的原子结构。在能级对应原理中，能指的是做功的能量；能级表示事物系统内部根据个体能量大小形成的结构、秩序、层次。在人力资源开发与管理领域中，能级是指人的能力分大小级。不同行业或不同岗位的从业人员能级的要求是不一样的，同一行业不同职位等级人员能级的要求也不同。例如，在某一组织中，领导层、管理层、监督层和操作层对人员素质能力的要求差别很大（图2-3）。领导层要求有很强的决策能力和丰富的管理知识；管理层要求有很强的管理能力和一定的决策能力；监督层要求有较强的管理能力和丰富的操作知识；操作层要求有很强的操作知识和能力。由于人员的实际素质和能力千差万别，要想实现能对应是一个十分复杂艰巨的动态过程。

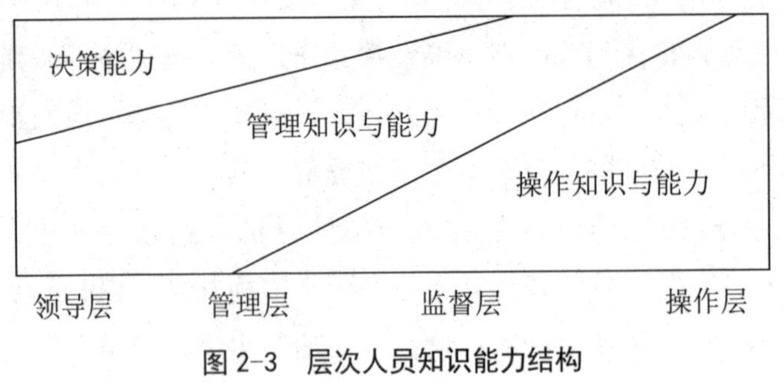

图 2-3　层次人员知识能力结构

在人力资源开发与管理领域中，能级对应是指根据员工的能力大小安排工

[1] 杨永明：《人生十大心理矛盾》，西安：陕西人民教育出版社，1997。

作、岗位和职位，使人尽其才，才尽其用。

能级层序原理认为：第一，人与人之间具有能级差异，这种差异是可以被识别的；第二，管理的能级必须分序列、按层次进行设置，不同级次有不同的规范与标准；第三，人的能级与管理级次相互对应的程度标志着管理的进步与人才使用的合理程度；第四，人的能级必须与其所处的管理级次动态相对应。

综上所述，按照能级层序原理进行人力资源开发与管理表现为：将具有不同能力的人配置在组织中不同的职位上，给予其不同的权利和责任，使能力与职位相匹配，只有这样组织结构才能实现相对稳定。这里的能力不仅指知识、经验，还包括人的道德水平与价值观。

为使有限的人力资源发挥出最大的系统功能，必须在组织系统中建立一定的层级结构，并制订相应的标准、规范，在纵向、横向上都形成严格的组织网络体系，以构成相对稳定的组织管理“场”，然后将所有组织成员按其自身的能力、素质，恰当地安排在网络的各个“纽带点”上，并赋予其组织层次位置，确定其“组织角色”身份性质。

总而言之，岗位能级与人才运动必须合理而有序，只有二者相结合，才能使能级层序原理变为现实。

三、弹性冗余原理

弹性冗余原理同样来源于物理学。弹性是指一个变量相对于另一个变量发生的按一定比例改变的属性；冗余是指多余的、啰唆的内容，包括信息、语言、代码、结构、服务、软件、硬件等。弹性冗余原理是指人力资源开发与管理过程要留有余地，保持适当的弹性，不能超负荷运行。就像一个弹簧，一旦超过了弹簧弹性的最大值，它就会失去自身的弹性。人力资源也一样，员工的劳动强度、劳动时间、压力承受能力等都有一定的“限值”，一旦超过这个“限值”，员工就会身心疲惫，而且在短时间内无法恢复。因此，人力资源开发要在充分发挥和调动人力资源的能力、动力和潜力的基础上，主张松紧合理、劳逸结合，使员工有效、健康地开展工作。

按照弹性冗余原理进行人力资源开发与管理时要注意以下内容：第一，要考虑到员工体质的强弱，使劳动强度具有弹性；第二，要考虑到员工智力的差异，使劳动分工具有弹性；第三，要考虑到员工年龄、性别的差异，使劳动时间有适度的弹性；第四，要考虑到员工性格的差异，使工作定额有适度的弹性；第五，要考虑到行业的差异，使员工的工作负荷有弹性；第六，要重视对工作弹性的研究，努力营造有利于促进员工身心健康，提高其劳动效能的工作环境。

总体而言，人力资源开发与管理要在充分发挥和调动人力资源的能力、动力和潜力的基础上，主张松紧合理、劳逸结合，使员工有效、健康地开展工作。

四、同素异构原理

同素异构原理来源于化学，原指是同一种原子在不同条件下会形成不同晶体的现象。例如，石墨和金刚石，虽然碳原子数量一致，但是由于二者碳原子的空间结构不同，导致二者物理性能差别极大，即石墨很软，而金刚石十分坚硬。在人力资源开发与管理领域中，同素异构原理是指同样数量的人才采用不同的组织结构，可以达到不同的效果，而且优良的组织结构可以有效发挥整体功能大于个体功能之和的优势。

总而言之，合理的组织结构可以充分发挥人力资源的潜力，发挥组织的系统功能；事物成分的空间结构变化会引起不同结果，产生质的变化。例如，在团队成员组合上，同样数量和素质的一群人，由于组合搭配不同，会产生不同的效果；在生产过程中，同样人数和素质的劳动力，不同的组合方式，劳动效率也会不同。因此，在团队组合搭配上，既要考虑到性格的搭配，又要考虑到学识、能力、年龄等因素。

五、互补增值原理

由于人力资源中的每个个体具有差异性和多样性，在人力资源开发与管理过程中，应该通过互补的方式发挥个体优势，形成整体功能优化，这就是互补增值原理。增值的客观标准是：1＋1＞2，甚至远远大于2。如果1＋1＝2，则说明没有增值；如果1＋1＜2，则说明不仅没实现互补增值，反而发生了内耗减值。

要想通过人力资源的互补，发挥整体的效应，就要做到以下五个方面。

第一，知识互补。在一个集体中，若个体在知识领域、知识的深度和广度上能实现互补，那么整个集体的知识结构就比较全面、合理，更容易达到预期目标。

第二，能力互补。在一个集体中，若个体在能力类型、能力大小方面能实现互补，那么整个集体的能力就比较全面，在各种能力上都可以形成优势，集体的能力结构就比较合理。

第三，性格互补。在一个集体中，若每个个体各具不同的性格特点，而且具有互补性，有利于形成良好的人际关系，从而形成胜任各类工作的良好性格结构。例如，内向的人与外向的人互补，沉稳的人与急躁的人互补，激进的人与温和的人互补，直爽的人与含蓄的人互补，热情的人与冷静的人互补，等等。[1]

第四，性别互补。在一个集体中，男性与女性应能充分发挥各自的性别特点，既要发挥女性细心、耐心的优势，又要展示出男性粗犷、坚强、豁达的特点。这种集体性别结构比较合理。

第五，年龄互补。人员的年龄不仅与人的体力、智力有关，也与人的经验和心理有关。在一个集体中，既要有经验丰富、处事沉稳的老员工，也要有精力充沛、能独当一面的中年员工，还要有敢于拼搏、思维活跃、善于创新的年轻人。只有不同年龄段相互补充，组织优势才能提高，组织效率也会得到提高。如果集体有合理的年龄结构，就既可以在体力、智力、经验、心理上实现互补，又可以顺利地实现该集体人力资源的良性循环，焕发出持久的活力。

总体而言，在组建领导班子和团队组织时，要有意识地应用互补增值原理，以实现事半功倍之效。

六、激励强化原理

激励就是创设满足员工各种需要的工作条件，激发员工的动机，使之产生实现组织目标的特定行为过程。图2-4是激励过程的原理分析。

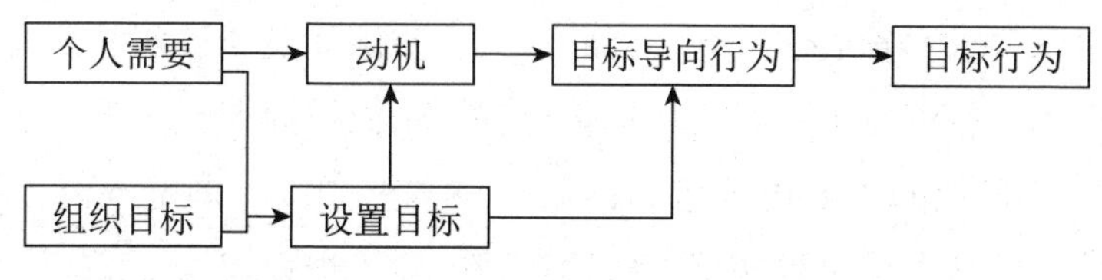

图 2-4 激励过程的原理分析

❶ 余昌国：《人力资源开发的 10 大原理》，人才资源开发，2004（10）：26-27。

激励是管理的一项重要职能，也是人力资源开发与管理的一项重要内容。在人力资源开发与管理领域中，按照不同划分依据，激励可以分为不同类型。按照激励手段划分，激励可以分为物质激励和精神激励两种类型。物质激励是指运用物质的手段，如奖金、休假等，使员工得到物质上的满足，从而进一步调动其积极性、主动性和创造性；精神激励是指精神方面的无形激励，包括向员工授权、认可员工的工作绩效，为其提供学习和发展的机会，制订适合每个个体的职业生涯发展规划等。按照激励形式划分，激励可分为内部激励和外部激励两种类型。内部激励是某项工作的激励作用与完成工作任务后所产生的激励作用之和，即兴趣、爱好、成就等对人们行为产生的影响；外部激励是指由外酬引发的、与工作任务无直接关系的激励。按照激励的影响划分，激励可分为正激励和负激励两种类型。正激励是指对员工正确行为进行肯定、承认、赞扬、奖赏、信任等具有正面意义的激励艺术；负激励是指对员工错误行为否定、约束、冷落、批评、惩罚等具有负面意义的激励艺术。

总而言之，按照激励强化原理进行人力资源开发与管理的基本原则是公平目标与效率目标相结合，个体激励与群体激励相结合，物质激励与精神激励相结合，外激励与内激励相结合，正激励与负激励相结合。

七、动态适应原理

在人力资源的开发与管理中，人与事不适应是绝对的，适应是相对的，从不适应到适应是在运动变化中实现的，是一个动态的适应过程。对于个人来说，有主动择业的权利；对于一个组织来说，可以对人的工作适当地进行纵向或横向调整；对于一个国家来说，可以通过制订政策，引导人才合理流动。这就是动态适应原理。

人才流动是绝对的，人才在流动中寻找适合自己的位置，组织在流动中寻找适合组织要求和发展的人才。因此，人力资源开发与管理要正确地认识流动，并要在人才的流动中做好人才优化配置。企业根据动态适应原理，进行人力资源开发与管理的主要内容包括：第一，实施岗位的调整或岗位职责的调整；第二，对实施人员进行调整，实行竞聘上岗，平行调动；第三，实施弹性工作时间，如聘用小时工、临时工等；第四，培养、发挥员工一专多能的才干，实现岗位流动；第五，实施动态优化组合，实现组织、机构人员的优化。

总而言之，从动态适应原理出发，应该把人事调整作为一种经常性的任务，权变地对待人力资源的开发和管理。

八、主观能动原理

人是生产中最活跃的因素，最宝贵的资源，是有生命的、有思想的、有感情的、有创造力的复合体。人的运动形式是最高级的运动形式（图2-5），是生命运动与思维运动的辩证统一。

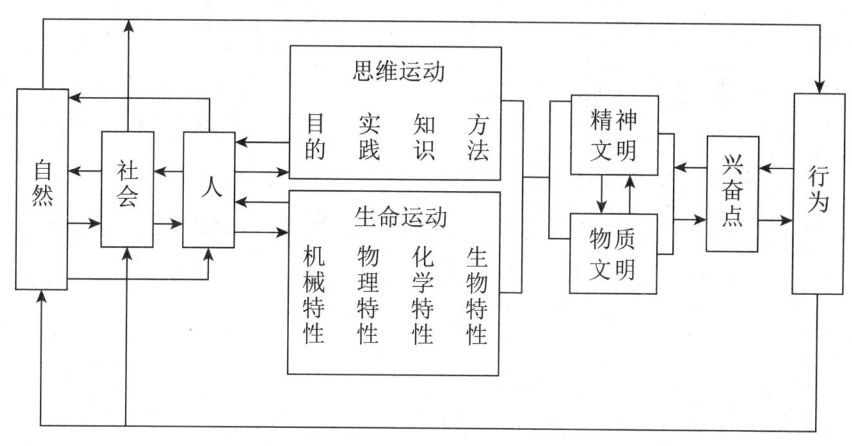

图 2-5 人的运动形式

人的生命运动包括机械、物理、化学、生物的变化过程，是四种变化过程的有机统一；人的思维运动包括对目的、实践、知识和方法的思考和探索。人的生命运动是人的思维运动的物质基础，人的思维运动会对人的生命运动产生能动作用。例如，如果个体的思维能力较强，能分析清楚、合理安排主客观情况，那么他的生活和工作就有条不紊、精神愉快、身体健康，从而使其思维运动的能力得到进一步增强。如果个体的思维能力较弱，其在思想上会产生负担，精神不愉快。长此以往，不仅他的生活和工作会变为一团乱麻，还可能会引起消化功能障碍、神经系统紊乱，导致个体神经衰弱、血压升高或心脏患病，使其生命运动和思维运动双双受损。[1]

总而言之，根据主观能动原理进行人力资源开发与管理，应高度重视人主观能动性的开发，为人才的培养和使用创造良好的外部条件，如完善的制度、

[1] 吴德贵：《人力资源开发的九个重要原理》，中国卫生人才，2005（8）：58-59。

全面的教育、周到的培训、宽松的环境、优良的组织文化等，使其思维运动能越来越活跃，从而最大化地发挥其主观能动作用。

九、信息催化原理

信息是指作用于人的感官并被大脑所反映的事物特征和运动变化的状态，是一种资源。不同的事物具有不同的特征和运动状态，会给人们带来各种类型不同的信息，人们正是通过获得并识别自然界与社会的不同信息来区分不同的事物，才得以认识世界和改造世界的。因此，人力资源开发与管理需要在具有一定数量的信息并对信息进行有效地分析、管理的基础上进行。

随着科学技术的飞速发展，通信技术和传播媒介也快速发展，信息的量迅猛增长，传播速度也日新月异。“信息爆炸”一词就形象地说明了当今的时代特点。在现代社会，人们能否迅速地捕捉、掌握和运用大量的信息，如科学技术信息、管理信息、社会信息、自然信息等，决定了人们能否在激烈竞争中站在现代管理的前列，能否跟上人力资源的飞速发展。

具体而言，信息催化原理是指人们通过获取和识别信息，认识和改造世界。在根据信息催化原理进行人力资源开发与管理时，企业应运用最新的科学技术和管理理论来武装员工，从而建立并维护企业人力资源的质量优势。

十、竞争强化原理

竞争强化原理是指通过各种有组织的良性竞争，激发和培养员工的进取心和创造精神，使员工能够尽可能地全面施展自己的才能，达到实现组织目标的目的。通过运用不同层次的竞争，企业可以选拔出各类人才。需要注意的是，竞争必须是公开的、公平的、合法的，只有这样的竞争才能促进人力资源的有效开发。

按照竞争强化原理进行人力资源开发与管理时，应注意以下三个方面。

第一，保证竞争的公平性。企业应严格按规则办事并一视同仁，给员工以鼓励和帮助。

第二，适当增强竞争强度。如果没有竞争或竞争强度不够，会降低企业的活力；如果竞争强度过大，会使企业中的人际关系紧张，破坏员工之间的协作与信任，破坏组织的凝聚力。

第三，强调竞争的目的性。竞争应以组织目标为重，良性竞争可提高工作效率，增强企业活力，不影响凝聚力；而恶性竞争必然会损害组织的凝聚力，难以实现组织目标。

因此，企业进行人力资源开发与管理时可以鼓励员工进行竞争，但是也要强调竞争的目的，不能为了竞争而竞争。

总而言之，企业在人力资源开发与管理过程中，既要加强竞争，激发员工的进取心，培养他们的创新精神和开拓能力，发挥员工在促进人力资源开发与管理方面的积极作用；又要重视协作，克服片面竞争造成内耗等消极作用，最终达到全面提高人力资源综合效益的目的。

十一、文化凝聚原理

企业的凝聚力只有变强才能吸引人才、留住人才，才有竞争力。凝聚力包括两个方面：一是企业对个人的吸引力，或者说个人对企业具有向心力；二是企业内部个人与个人之间的吸引。企业的凝聚力不仅与物质条件有关，还与精神条件、文化条件有关。物质条件（如工资、奖金、福利、待遇等）是企业凝聚力的基础，没有物质条件就无法满足员工的生存、安全等需要。精神文化条件（如企业目标、企业精神、企业风气、企业制度、企业形象等）是企业凝聚力的根本，缺乏精神文化条件无法满足员工的社交、尊重、自我实现、超越自我等精神方面的需要。简单来说，一个企业的凝聚力，归根结底不是取决于外在的物质条件，而是取决于内在的共同价值观。企业只有通过建立良好的群体价值观，建设优良的企业文化来凝聚员工，才能达到事半功倍的效果。

20世纪80年代兴起的企业文化理论和“企业文化热”为文化凝聚原理提供了新的理论基础和实践经验。中国的企业领导层应该在中国国情的基础上，创造出具有中国特色的、凝聚人才的、成功的企业人力资源开发与管理模式。

总而言之，人力资源开发与管理要重视文化建设，通过塑造组织文化，树立良好的组织形象来吸引人才，建立企业与个人、个人与个人的忠诚关系，从而提高企业管理和运行效率。

第四节　中国古代人力资源开发与管理思想

中国具有五千年的文明历史，而且素有文官治国的传统，因此积累了丰富的人事思想蕴藏在古代文化典籍之中。例如，春秋战国时期的《尚书》《左传》《论语》《墨子》《孟子》和《韩非子》，汉代的《史记》《说苑》《新论》和《汉书》，三国时期的《人物志》，唐代的《贞观政要》，宋代的《资治通鉴》和《王临川集》等著作，都对人力资源开发与管理有精彩的论述。从这些优秀的著作中，我们可以提炼出以下几个方面。

一、为政之要，惟在得人

自古以来，大多数贤明的君主都能认识到人才的重要性。例如，唐太宗李世民曾说："为政之要，惟在得人"[1]，他把"得人"看作"为政"的关键。《墨子》指出："夫尚贤者，政之本也"[2]，这句名言把推崇贤能之才看作为政的根本。明太祖朱元璋将这一思想发展得更为具体，他认为："构大厦者，必资于众工；治天下者，必赖于群才。"[3]他将"治天下"比作"构大厦"，盖大楼是百年大计，靠的是一批有精湛技艺的工匠；"治天下"也是百年大计，靠的是一大批善于治国的人才。清代康熙皇帝把人才摆在治理国家的首要位置，他认为："致治之道，首重人才。"[4]

二、人生而有欲，相持而长

《荀子》指出："人生而有欲"[5]，"所受乎天也"[6]，"欲者，情之应

---

❶ 骈宇骞，齐立洁，李欣：《贞观政要》，北京：中华书局，2012：232。

❷ 李小龙：《墨子》，北京：中华书局，2016：53。

❸ 王卓怡，李一丹：《这三年，习近平对传统文化的"超越式传承"》，人民论坛网，2016 年 1 月 20 日。

❹ 王卓怡，李一丹：《这三年，习近平对传统文化的"超越式传承"》，人民论坛网，2016 年 1 月 20 日。

❺ 安小兰：《荀子》，北京：中华书局，2007：158。

❻ 安小兰：《荀子》，北京：中华书局，2007：257。

也”[1]。“欲”指人的欲望、需要，它是人一切心理活动赖以进行的主观因素，也是人一切行为的根本动力。正确认识人的欲望，对人力资源开发与管理具有重要意义。对此，荀子提出了以下结论。

第一，人生下来都有欲望。这是客观世界影响人，以及人的情感感应客观世界的结果。

第二，人的欲望有三条规律：一是“欲不可去”，人人有欲，概莫能外，“饥而欲食，寒而欲暖，劳而欲息，好利而恶害，是人之所生而有也，是无待而然者也，是禹、桀之所同也”[2]；二是“欲不可尽”，欲望是不可能完全被满足的，人的欲望也是无止境的；三是欲物“相持而长”，即物质和欲望在相互影响、相互制约中增长。

《管子》中指出：“仓廪实则知礼节，衣食足则知荣辱。”[3]这句话表示人的欲望可以分为两个层次，一是“衣食足”，为物质欲望；二是“知荣辱”，为精神需求。管子将二者分别叫作“利”与“名”，并认为人的行为不是为了“名”，就是为了“利”。韩非子认为，“情莫不出其死力以致其所欲。而好恶者，上之所制也，民者好利禄而恶刑罚”[4]，即人的本性就是为了满足个人欲望，而最根本的欲望就是趋利避害。

在这些思想家研究成果的基础上，后人又对人的欲求进行了细致的划分，这里不再一一介绍。

三、取胜之本，在于士气

人有思想、有感情，并且人的思想感情对人的行为影响十分巨大，这叫作“士气”。自古以来，许多学者都指出过士气对胜败的重要作用。《左传》中提道：“夫战，勇气也。一鼓作气，再而衰，三而竭。彼竭我盈，故克之。”[5]这句话意指交战双方胜负，取决于谁的士气占优势，所谓两相争者胜。而队伍的勇气源于个体的“志”和“欲”，如果全军上下都有共同的理

---

[1] 安小兰：《荀子》，北京：中华书局，2007：259。

[2] 安小兰：《荀子》，北京：中华书局，2007：42。

[3] 李山：《管子》，北京：中华书局，2009：2。

[4] 刘乾先，韩建立，张国昉，等：《韩非子》，哈尔滨：黑龙江人民出版社，2002：845。

[5] 刘利，纪凌云：《左传》，北京：中华书局，2007：30。

想、共同的目标、共同的欲望、共同的追求，那么必然会形成众志成城士气盛的必胜之势。正如孔子所言，“三军可夺帅也，匹夫不可夺志也”[1]。军队作战如此，企业竞争亦如此。市场如战场，哪个企业队伍带得好、士气高，哪个企业就能在竞争中占据有利地位。

四、刚柔相济，赏罚严明

孔子说：“道之以德，齐之以礼，有耻且格。”[2]儒家思想主张道德感化和制度约束两手并用。其中，道德感化、感情激励，是“柔”；严格礼仪、严肃制度，是“刚”。

在管理方面，诸葛亮是古代的人力资源管理的高手。他认为：“古之善将者，养人如养己子，有难，则以身先之；有功，则以身后之；伤者，泣而抚之；死者，哀而葬之；饥者，舍食而食之；寒者，解衣而衣之；智者，礼而录之；勇者，赏而劝之。将能如此，所向必捷矣。”（出自《将苑·卷二·哀死》）这是“柔”的具体化。以心换心，以情感人，历来是开发人力资源、调动员工积极性的重要举措。

只有柔的一面是不够的，诸葛亮还指出：“夫以匹夫之刑令以赏罚，而人不能逆其命者，孙武、穰苴之类也。故令不可轻，势不可通。”（《将苑·卷二·威令》）这是“刚”的一面。靠法令、刑罚维护纪律，规范下级行为，维护上级权威，关键在于“令不可轻，势不可通”，有法必依，执法必严，违法必究，不留变通的余地。

在带好队伍的过程中总会碰到一个问题——奖和罚的实施。古代众多思想家、政治家都赏罚分明。韩非子主张“诚有功，则虽疏贱必赏；诚有过，则虽近爱必诛。”[3]诸葛亮也赞同了这种原则，他认为：“赏罚之政，谓赏善罚恶也。赏以兴功，罚以禁奸，赏不可不平，罚不可不均。赏赐知其所施，则勇士知其所死；刑罚知其所加，则邪恶知其所畏。”（《诸葛亮集之诸葛亮论赏罚》）正是因为诸葛亮认同这一原则，并将其付诸实践，才有了“挥泪斩马谡”的故事。此外，唐太宗李世民也用精练的语言阐述了他对赏罚分明原则的

---

[1] 张燕婴：《论语》，北京：中华书局，2007：129。

[2] 张燕婴：《论语》，北京：中华书局，2007：13。

[3] 刘乾先，韩建立，张国昉，等：《韩非子》，哈尔滨：黑龙江人民出版社，2002：45。

认同："赏当其劳，无功者自退；罚当其罪，为恶者戒惧。"[1]

五、德才兼备，选贤任能

判定人才标准历来是人事管理中的热点问题。德才兼备、任人唯贤是唯一正确的选择，也是中国古代有作为的政治家、军事家、君主所共同遵循的原则。例如，康熙皇帝指出："观人必先心术，次才学，心术不善，纵有才学何用？"因此，他主张"必才德兼优为准"。如果一个人的品德与职务不相称，或其能力与职务不适应，必然会带来严重后果。那么，德的标准是什么？康熙皇帝提出了一个标准——"以公胜私"。他认为："事君者果能以公胜私，于治天下何难？若挟其私心，则天下必不能治。"（《圣祖实录》卷二五六）这里的"公"是指国家的利益。唐太宗李世民也有类似的主张，他认为："须灭私徇公，坚守直道。"[2]《孙子兵法》中提出了军人五德——"将者，智、信、仁、勇、严也。"[3]这里，智是指智慧、谋略；信是指信誉，言行一致，行则必果；仁是指爱人，己立立人，己达达人；勇是指勇敢，敢于面对挑战，勇于克服困难；严是指严格、严谨，办事认真，决不草率马虎，严肃纪律，严格管理。

司马光在《资治通鉴》中也指出了德与才之间的关系："才者，德之资也，德者，才之帅也。"[4]由此可见，才华是品德的基础，品德约束着才华。此外，司马光还对才与德的关系问题进行了分析："是故才德全尽谓之圣人，才德兼亡谓之愚人，德胜才谓之君子，才胜德谓之小人"[5]"自古昔以来，国之乱臣，家之败子，才有余而德不足，以至于颠覆者多矣"[6]。

在人力资源开发与管理过程中，为了选拔出真正德才兼备的人才，应坚持任人唯贤，选贤任能的原则。对于具体如何选贤任能，韩非子主张"因任而授官，循名而责实。"[7]用诸葛亮的话来说，就是"为官择人"，而不能"为人

---

[1] 骈宇骞，齐立洁，李欣：《贞观政要》，北京：中华书局，2012：69。

[2] 骈宇骞，齐立洁，李欣：《贞观政要》，北京：中华书局，2012：19。

[3] 骈宇骞，王建宇，牟虹，等：《孙子兵法·孙膑兵法》，北京：中华书局，2007：205。

[4] ［宋］司马光：《资治通鉴》，北京：当代中国出版社，2000：2。

[5] ［宋］司马光：《资治通鉴》，北京：当代中国出版社，2000：2。

[6] ［宋］司马光：《资治通鉴》，北京：当代中国出版社，2000：2。

[7] 刘乾先，韩建立，张国昉，等：《韩非子》，哈尔滨：黑龙江人民出版社，2002：706。

择官。”

六、知人善任，不课不用

用人的前提是知人，知人很难，因为人善于伪装，相处时无法知道对方展示给人的那一面是否真实。正如诸葛亮所说：“有温良而为诈者，有外恭而内欺者，有外勇而内怯者，有尽力而不忠者。”（《将苑·卷一·知人性》）对于怎样去伪存真，正确识人，诸葛亮提出了“七观法”：“一曰，问之以是非而观其志；二曰，穷之以辞辩而观其变；三曰，咨之以计谋而观其识；四曰，告之以祸难而观其勇；五曰，醉之以酒而观其性；六曰，临之以利而观其廉；七曰，期之以事而观其信。”[1]（《将苑·卷一·知人性》）意思是在不同的情境下、在矛盾中观察人，可以考察出人的真实素养。唐朝魏征提出了《六观法》：“贵则观其所举，富则观其所养，居则观其所好，习则观其所言，穷则观其所不受，贱则观其所不为。”（《帝范》）这段话意指在人们的地位、处境变化过程中，观察人的举止、言谈、兴趣、修养和追求，以此来反映人的本质。上述方法在当今的人力资源开发与管理中仍有借鉴价值，经过历史冲刷后保留下来的经验，值得我们借鉴吸收。

知人之后要用其所长。对此，《论语》中提道：“无求备于一人。”[2]意思是不要对一个人求全责备。“水至清则无鱼，人至察则无徒。”我们在用人时忌求全责备，应因材施用，用其所长。正如《荀子》所言：“决德而定次，量能而授官。皆使民载其事而各得其宜。”[3]由此可见，持用人所长，则人人可用，各得其所。

用人的另一个原则是“用人不疑”。宋代政治家欧阳修指出：“任人之道，要在不疑。宁可艰于择人，不可轻任而不信。”（《论任人之体不可疑札子》）意为宁可择人时多费一些精力，看准了再用，也不可轻易任用却不信任，不敢放手让其施展才华。《孙子兵法》指出，“将能而君不御者胜”[4]，这就是充分放权方可制胜的道理。

---

[1] 方家常：《诸葛亮文集全译》，贵州：贵州出版社，1996：295。

[2] 张燕婴：《论语》，北京：中华书局，2007：287。

[3] 安小兰：《荀子》，北京：中华书局，2007：139。

[4] 骈宇骞，王建宇，牟虹，等：《孙子兵法·孙膑兵法》，北京：中华书局，2007：21。

为了保证选择出合适的人才，需要鼓励人才进一步发挥其作用，这就需要借助考核来实现。没有严格的考核过程，就难分贤愚优劣，也无法施行赏罚。《管子》指出："成器不课不用，不试不藏。"❶这句话的意思是，对于人才，不经过考核不加以任用，不经过试用不作为人才储备，强调了考核的重要性。对于考核的办法，《论语》指出"听其言而观其行"❷，意思是不要只听言论，要看实际行动；《韩非子》指出"循名实而定是非，因参验而审言辞"❸，意思是按照名称与实质是否相符来判断是非，根据考核验证的情况来审查言论。这二者都强调了观察个体实际行动的必要性，因此在人力资源开发与管理过程中考核对象时，不应只关注其"嘴上功夫"，还应重视其实际行为。

七、率先示范，治身为重

对于身居领导岗位的人才，个人修养和领导作风会决定其是否能带好队伍，达成组织目标。《孔子家语》指出："欲政之速行也，莫善乎以身先之；欲民之速服也，莫善乎以道御之。"❹这里的"以身先之"表示领导者的示范作用，身教胜于言教；这里的"以道御之"表示领导者以正确的思想和方法带领队伍，做到上下一心，行动一致。"以身先之"的前提是领导者"其身正"，身正靠自身修养，即治身。中国古代的修身、齐家、治国、平天下紧密联系，是非常深刻的人事思想。《淮南子》把修身具体化了，即"非澹薄无以明德，非宁静无以致远，非宽大无以兼覆，非慈厚无以怀众，非平正无以判断。"❺对此，可以将修身理解为清淡寡欲、清正廉洁、宽容大度、仁慈民主、公平正直，这是领导者要加强修养的重点。

另外，领导者还要在集思广益、广开言路方面起到示范作用。失败的人大多刚愎自用，因此魏征在劝谏唐太宗时说道："君之所以明者，兼听也；其所以暗者，偏信也。"❻唐太宗采纳了他的意见，采取措施，不独任、不偏信，"开直言之路"，从而取得了光辉的政绩。《管子》中也指出："夫民别而听

❶ 谢浩范，朱迎平：《管子全译》，贵州：贵州人民出版社，1996：82。

❷ 张燕婴：《论语》，北京：中华书局，2007：57。

❸ 刘乾先，韩建立，张国昉，等：《韩非子》，哈尔滨：黑龙江人民出版社，2002：146。

❹ 王国轩，王秀梅：《孔子家语》，北京：中华书局，2009：175。

❺ 刘康德：《淮南子直解》，上海：复旦大学出版社，2001：413。

❻ 骈宇骞，齐立洁，李欣：《贞观政要》，北京：中华书局，2012：3。

之则愚，合而听之则圣。”[1]这句话的意思是，个别群众的看法未必正确，群众合在一起的整体智慧是十分伟大的。对于企业而言，领导层应集思广益、广开言路。广开言路包括尊重知识、尊重人才，即应“礼贤下士”。“礼贤下士”是古代有作为的政治家的共同特点。战国时期政治家郭隗说：“帝者与师处，王者与友处，霸者与臣处，亡国与役处。”[2]这句话的意思是成就帝业的人（尧、舜）把人才当作教师，成就王业的人（禹、汤）把人才当作朋友，成就霸业的人（齐桓公、晋文公）把人才当作臣子，只有亡国之君（纣）才会把人才当作奴隶。由此可见，国家的领导者对人才不同态度，决定了这些国家的兴衰。

总而言之，修身、兼听、下士都对领导者提出了严于律己、不断克服自身的不足、不断战胜自己的弱点的要求。这就是古代说的“自胜”。古人强调自察、反省、战胜自己的重要性。例如，诸葛亮指出：“故善将者，不恃强，不怙势，宠之而不喜，辱之而不惧，见利不贪，见美不淫，以身殉国，壹意而已。”[3]（《将苑·卷一·将志》）这段话的意思是，将领应不恃强凌弱，不受荣辱支配，经得住金钱美色的考验，一心一意报效国家。无论是过去还是现在，无论是大企业还是小作坊，这段话就是领导者战胜自己的具体内容，对于一切领导者都适用。此外，诸葛亮在《将苑·卷一·将弊》中进一步丰富了领导者自戒、自省、自胜的具体内容，要求领导者警惕自律，如“一曰贪而无厌；二曰妒贤嫉能；三曰信谗好佞；四曰料彼不自料；五曰犹豫不自决；六曰荒淫于酒色；七曰奸诈而自怯；八曰狡言而不以礼。”[4]

八、勤于教养，百年树人

人才需要经过教育、培养、训练才能使其发挥作用，这是人力资源开发与管理的关键一环。《管子》指出：“一年之计，莫如树谷；十年之计，莫如树木；终身之计，莫如树人。”[5]由此可见，对于人才的培养，是一个长期且困

[1] 谢浩范，朱迎平：《管子全译》，贵州：贵州人民出版社，1996：415。

[2] ［清］马骕：《绎史》，上海：中华书局，2002：14。

[3] 方家常：《诸葛亮文集全译》，贵州：贵州人民出版社，1996：301。

[4] 方家常：《诸葛亮文集全译》，贵州：贵州人民出版社，1996：303。

[5] 李山：《管子》，北京：中华书局，2009：30。

难的过程。“树人”的过程，大体上包括教、养、取、任四个环节。王安石在《上皇帝万言书》指出：“教之、养之、取之、任之，有一非其道，则足以败乱天下之人才。”这段话的意思是，对人应教以学问养以礼法，取以贤能，任以专职，任何一个环节偏离了正确的方向，都足以损毁天下的人才。

教养包括技能训练。例如，诸葛亮在《将苑·卷一·习练》中指出：“夫军无习练，百不当一；习而用之，一可当百。”[1]技能训练必须与道德教育、纪律教育相结合。对此，诸葛亮也有自己的认识，他提出：“教之以礼义，诲之以忠信，诫之以典刑，威之以赏罚，故人知劝，然后习之，或陈而分之，坐而起之，行而止之，走而却之，别而合之，散而聚之。一人可教十人，十人可教百人，百人可教千人，千人可教万人，可教三军，然后教练而敌可胜矣。”[2]由此可见，在人力资源开发与管理过程中，技能、道德和纪律的教育缺一不可。

此外，风俗、习惯对人的素质也有很大影响，因此古人十分重视教化习俗。《管子》中指出：“变俗易教，不知化不可。”[3]意思是改变原有的习俗和教化。王安石在《风俗》一文中也指出：“风俗之变，迁染民志，关之盛衰，不可不慎也。”[4]意思是风俗发生变化，会影响民众志向，关乎国家兴衰，必须谨慎对待。可见，要想有效地开发和配置人力资源，就必须有重视人才的风俗和习惯。

总而言之，本节所提到的我国古代人力资源开发与管理思想中的精辟见解，时至今日仍然具有借鉴意义。对此，我们可以有所选择地应用古代人力资源开发与管理。

---

[1] 方家常：《诸葛亮文集全译》，贵州：贵州人民出版社，1996：321。

[2] 方家常：《诸葛亮文集全译》，贵州：贵州人民出版社，1996：321。

[3] 李山：《管子》，北京：中华书局，2009：59。

[4] 曾枣庄，刘琳：《全宋文》，第六十五册，卷一〇四五，上海：上海辞书出版社，2006。

第三章 人力资源开发技术

人力资源开发方法效用的发挥，必须有相应的人力资源开发技术来支持。本章通过对需求分析技术、人力资源规划技术、教育培训技术、课程设计技术和效果评估技术，重点阐述人力资源开发过程中所用到的重要开发技术。

需要特别声明的是，本章所说的技术，是相对于人力资源开发来说的。因此，在需求分析、人力资源规划、课程设计、教育培训与效果评估中的方式、方法，都属于技术的范畴。

第一节 需求分析技术

需求分析技术是人力资源开发中十分重要的技术之一。本节将系统、深入地讨论什么是需求分析、需求分析包括哪些方法、需求分析以什么为主要内容、谁最适合进行需求分析以及如何进行需求分析等内容。

一、人力资源开发需求分析

（一）人力资源开发需求及其模式

任何一种人力资源开发活动都是根据需求进行的，因为人力资源开发需求在现实中是客观存在的。简单地说，人力资源开发需求就是人力资源持有者与使用者对人力资源开发的需要或需求。这种需要或需求的产生存在差距的原因包括以下几个方面。

第一，组织发展目标与实现这些目标过程中人员素质水平存在差距，员工现有素质水平与组织发展所要求的素质水平之间存在差距。

第二，组织预定目标与实现这些目标实际绩效之间存在差距，员工现有绩效水平与组织要求的绩效之间存在差距。

第三，员工现有绩效水平与员工个人理想水平之间存在差距。

第四，员工现有素质水平与员工个人理想水平之间存在差距。

可以看出，差距来自组织与个人两个方面，因此人力资源开发需求可以用以下公式表示：

人力资源开发需求＝目标需求（绩效与发展）－现实水平（绩效与素质） （3-1）

人力资源开发需求A＝目标绩效－现实绩效 （3-2）

人力资源开发需求B＝目标素质水平－现实素质水平 （3-3）

实际上，人力资源开发需求首先产生于目标绩效水平与现实绩效水平之间的差距。当素质水平达到目标绩效水平所规定的要求时，因为绩效差距并非由素质因素产生，所以不需要进行人力资源开发，这时人力资源开发策略应该以改变工作环境、进行组织开发、制度开发或奖励为主；当素质水平较低，绩效差距完全由素质因素产生时，人力资源开发需求应立即进行全方位的素质开发与培养；当素质水平介于目标绩效与现实绩效之间时，绩效差距来自两个方面，其中个人素质差距需要由人力资源开发解决，非个人素质差距需要由非人力资源开发的其他开发方式来解决；当素质水平介于目标绩效与现实绩效之间时，绩效差距来自个人素质差距、组织素质差距和环境及其他差距三个方面，不仅要进行人力资源开发，还需要改进其他方面的管理措施和环境因素；当素质水平远远高于目标绩效水平时，差距并非由素质因素产生，此时的人力资源开发需求应该是调整制度、改善环境及激励人员。当这一系列开发活动完成后，就有可能消除现有的绩效差距，需要进一步提高目标绩效水平，进行潜力开发。

（二）人力资源开发需求分析的形式

由上述内容可知，人力资源开发需求分析实际上是用来辨别与揭示绩效差距影响因素及其开发方式的过程与程序。人力资源开发的需求分析技术是整个人力资源开发过程中的基础技术，它与人力资源规划技术、教育培训技术、课程设计技术和开发效果评估技术的关系如图3-1所示。

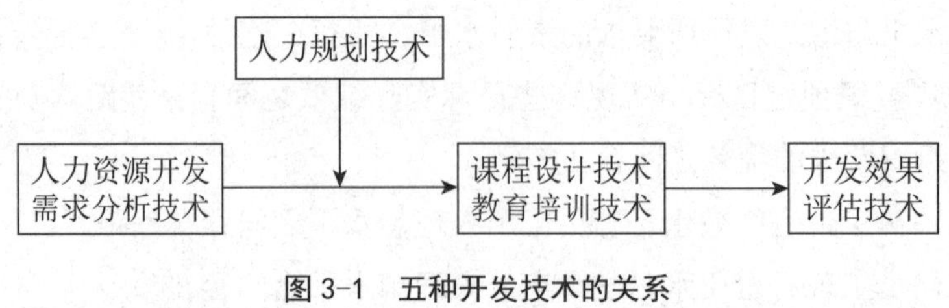

图 3-1　五种开发技术的关系

实际上，人力资源开发需求分析技术可以从组织、任务与人员三个层次展开分析。组织分析的目的在于明确组织中哪些部门需要人力资源开发以及要在何种背景下进行人力资源开发；任务分析的目的在于了解为了有效地完成工作任务，要做什么、如何做，需要什么样的素质；人员分析的目的在于揭示由谁进行人力资源开发、人力资源开发究竟开发什么以及需要进行什么样的人力资源开发。

（三）人力资源开发需求分析的一般程序

人力资源开发需求的分析存在一定的程序。了解与把握这些程序，有利于提高人力资源开发需求分析的效率与效果。进行人力资源开发需求分析时可以参考的一般程序如图3-2所示。

图3-2展示的人力资源开发需求分析的一般程序，主要包括以下环节。

第一，争取组织支持。由于人力资源开发的需求分析只有在分析者获取了所有的真实情况后才有实效，这就要求分析者要了解组织成员的日常工作规律和工作方式，了解组织内部的真实情况，而这些都离不开组织中高层领导与基层员工的大力支持。因此，要想进行人力资源开发需求分析，首先就必须与组织领导、成员建立关系，获取他们的支持。

第二，进行组织分析、职务分析、人员分析。组织分析包括组织战略与规划分析以及对组织目标的分析；职务分析主要是对工作职务的重要性及对职务要求的知识、技能、能力、品性素质的分析；人员分析主要分析任职者是否达到了每项职务所要求的KSAO水平，任职者的实际水平如何，并由此决定人力

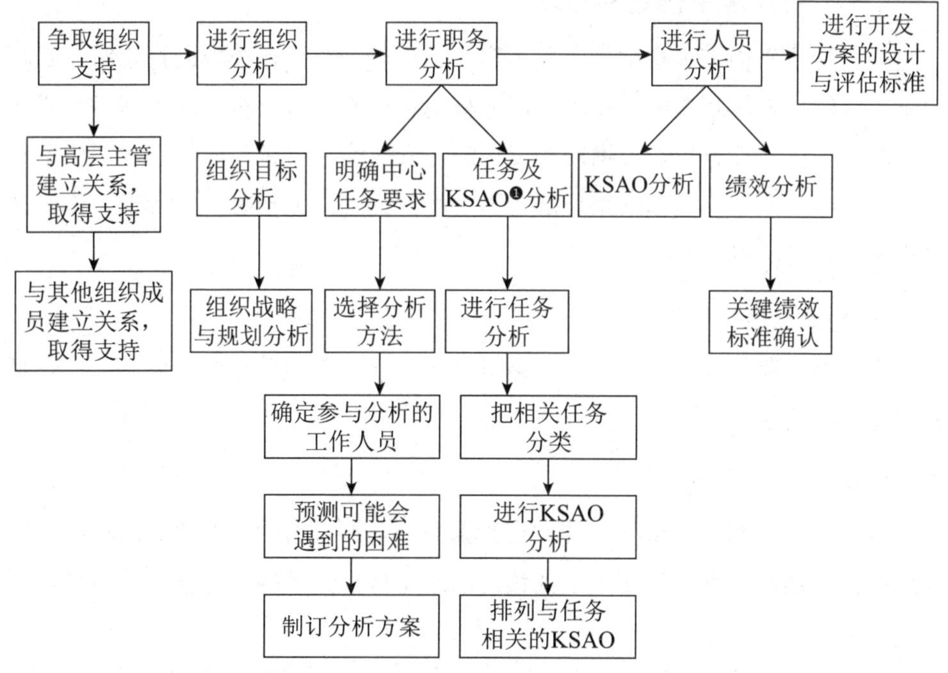

图 3-2　人力资源开发需求分析的一般程序

资源开发的具体要求。

第三，设计人力资源开发方案，制订相关的评估标准。

二、人力资源开发需求分析的技术研究

人力资源开发需求是通过比较目标水平与现实水平之间的差异确定的，因此人力资源开发需求分析技术应该包括目标水平确定的技术、现实水平确定的技术以及二者之间的比较技术。

❶ KSAO 是人力资源管理中对员工职业岗位资质的描述模型。其中，K（knowledge）是指执行某项工作任务需要的具体信息、专业知识、岗位知识；S（skill）是指在工作中运用某种工具或操作某种设备以及完成某项具体工作任务的熟练程度，包括实际的工作技巧和经验；A（ability）包括人的能力和素质，如空间感、反应速度、耐久力、逻辑思维能力、学习能力、观察能力、解决问题的能力、基本的表达能力等；O（others）是指有效完成某一工作需要的其他个性特质，包括对员工的工作要求以及工作态度、人格个性等其他特殊要求。

（一）目标水平确定的技术

当目标水平内容为标准的工作内容、工作能力与工作绩效的规定时，目标水平确定的技术就是素质分析。素质分析包括职责任务分析、职责任务要求分析、职能资格条件分析。根据职务要求的不同，会有多种不同的标准，主要包括最低标准、期望标准和未来标准。需要注意的是，无论哪一种标准，都需要专家进行界定与规范。

1. 最低标准

最低标准是指保证工作进行的最低要求，一般由素质分析具体确定，包括标准能力与绩效水平要求。

2. 期望标准

期望标准是指高于最低标准并在当前条件下经过努力能够达到的标准。期望标准并非最高标准，而是当事人认为的最好标准。其确定方法一般包括以下几种。

第一，把其他优秀或类似组织已经达到的标准作为制订标准的依据。

第二，把公认的代表某一行业或一类组织的中等标准或中上等标准作为期望标准，如行业协会推荐的标准等。

第三，根据当前组织发展与经营目标确定相关期望标准。

第四，以本组织过去采用或已经达到的标准作为依据，结合一定计算，制订期望标准。

3. 未来标准

未来标准是指根据当前的发展规划预测将来可以达到或应该达到的标准，这种标准建立在预测的基础上，是面向未来的。此外，可以把目前国内外一流组织所达到的标准或国内优良水平的行业标准作为组织的未来标准。

（二）现实水平确定的技术

一般而言，现实水平确定的内容与维度需要根据目标水平的要求而定。常用的确定方法是职业资格考评技术或人员素质测评技术，包括考试、心理测验、面试、评价中心技术、履历分析、日常观察、现场观察、答辩、试用、比赛、情景模拟、实物鉴定等方法。

（三）两者比较的技术

目标水平与现实水平之间的比较技术主要包括测评与考评、自我评判、专家评判和集体评判等。在测评与考评中，测评是指对现实水平调查与目标水平的比较进行一体化评判，考评通常是指通过专家或广大群众对其调查取证进行评判。

三、组织开发需求分析

组织开发需求分析是指从组织层面对组织的当前特征及其原因进行分析，决定哪里需要进行人力资源开发、需要什么样的人力资源开发以及应在什么情况下进行人力资源开发。

（一）组织开发需求分析的内容

组织的绩效目标是组织开发需求分析的重心与中心。考虑到环境因素的影响，组织开发需求分析通常包括组织目标与战略、薪酬系统、计划系统、控制系统、沟通反馈系统、决策系统、组织环境、组织资源、组织氛围、组织效率等更为细致的内容。例如，对组织氛围的分析指标包括不满、流动、旷工、建议、生产率、事故、短期生病、员工行为表现、工作态度、顾客投诉；对组织效率的分析指标包括劳动成本、物资成本、产品质量、设备利用率、工资成本、浪费量、停工期、推迟交货、维修时间。

（二）组织开发需求分析的技术

进行组织开发需求分析时，会使用到很多技术，包括记录报告分析技术、管理诊断分析技术、管理开发审查技术、组织氛围调查技术、组织发展预测技术等。例如，在使用组织发展预测技术预测组织未来发展中的趋势和机遇时，可以利用表3-1所示的问题。

表 3-1 预测组织在未来发展中可能会遇到的趋势和机遇的问题

序号	问题
1	我们未来发展的前景如何？
2	我们未来的战略应该是什么？

续表

序号	问题
3	员工需要什么样的新 KSAO 才能适应未来的趋势、把握住未来的机遇？
4	可能危及我们未来市场地位的因素有哪些？
5	什么样的 KSAO 将不再被需要？
6	人力资源开发的重点是什么？作用是什么？
7	未来潜在的资源是什么？

总而言之，组织开发需求通常取决于产品、服务与市场，原材料与能源，基础设施，管理技术与方法，法律，社会、政治环境，经过一定教育与培训的人力供给，贸易和贷款方式，区域经济的增长等。这些因素的变化会影响组织开发需求，可以通过报纸、媒体以及国家管理部门发布的相关信息来对这些因素变化进行预测和分析，但分析结果的经验性与主观性较强。要想更为科学地进行预测分析，需要借助技术经济预测[1]、德尔菲法[2]、头脑风暴法[3]、市场调研[4]、人口统计与社会发展研究、战略计划[5]等技术手段，从理论与数据上进行分析。

四、素质分析技术

素质分析是通过系统地收集与分析具体工作的内容、要求、方式与方法等资料，从而确定要获得最理想的绩效，需要对任职者进行什么样的人力资源开

❶ 技术经济预测指利用预测的理论与方法，对未来技术与经济发展的相互影响做出科学的估计与分析。

❷ 德尔菲法本质上是一种反馈匿名函询法，大致流程是在对所要预测的问题征得专家的意见之后，进行整理、归纳、统计，再匿名反馈给各个专家，再次征求意见，再集中，再反馈，直至得到专家们一致的意见。

❸ 头脑风暴法是由价值工程工作小组人员在正常融洽、不受任何限制的气氛中以会议形式进行讨论、座谈，打破常规，积极思考，畅所欲言，充分发表看法。

❹ 市场调研是把消费者及公共部门和市场联系起来，以获得相关信息，从而识别和界定市场中出现的机遇和问题。

❺ 战略计划是为长期生存和发展而进行的制订正式战略的过程。该过程通常包括确定公司的宗旨，为战略计划、长期计划和年度计划制订目标。

发。素质分析的结果一般包括绩效标准以及为达到此标准而需要的工作方式和KSAO内容。在素质分析过程中，需要完成表3-2所示的任务。

表 3-2　素质分析过程中需要完成的技术任务

任务顺序	任务内容
1	建立工作说明书
2	进行职责任务分析
3	确定工作目标及最低绩效标准
4	确定完成任务最有效的方式
5	观察工作样本
6	查阅与工作有关的文献，包括专业杂志、档案、政策法规、专家研究成果等
7	询问与工作有关的问题，包括询问任职者、主管与高层人员等
8	召开培训与开发方案研讨会议
9	对操作问题进行分析，包括对维修工期报告浪费行为与结果、维修原因、推迟交货、质量控制等问题的分析
10	对所选择的人力资源开发的方式方法与建议进行分类

本书对表3-2提及的10个任务进行提炼与整合，归纳出以下五个关键步骤。

（一）建立全面的工作说明书

首先要对某一职务或几个职务建立一份全面的工作说明书。这种工作说明书主要是对职务中主要职责任务及其任职条件的说明。许多组织有现成的工作说明书，并且会定期升级，以便及时准确地反映工作的变化情况，对此，只要得到这份工作说明书并进行抽样核实即可。如果没有现成的工作说明书，就需要进行工作分析，建立一个较为全面的、能反映职务工作内容与要求的工作说明书。

（二）进行职责任务分析

职责任务分析主要是对工作中任务的结构、内容及其要求进行分析，即弄清每个职务的主要任务是什么，每项任务完成后应该达到什么标准。

分析职责任务时，可以采用以下五种方法。

第一，刺激、反应与结果分析法。这种方法是从刺激、反应和结果三个方面分析每一项任务，从而准确把握其内容、方式与标准要求。

第二，时间样本法。这种方法是由分析人员在一段时间内随机地对职务工作进行观察，并记录下每项任务的内容与频率。

第三，关键事件技术法。这种方法是让对职务工作非常熟悉的人记录该职务工作一段时间内有效或无效的重要工作行为。记录的内容包括这些重要行为发生的环境及其具体表现，并描述有效与无效的原因。

第四，任务清单分析法。首先，由熟悉该职务工作的人以清单的形式列出该职务所有的任务，并交给众多主管或任职人就每项任务的重要性和所需要的时间，进行5～7分制的评估；其次，对该职务进行统计分析，以确定各项任务的结构、内容与重要性。

第五，职责任务与技能要求分析法。这种方法要先把职务划分出几个方面的职责，然后为每一项职责找出其任务与子任务，最终确定完成每个子任务所需要的KSAO。

（三）确定完成职责任务所需要的 KSAO

要对完成职责任务所需要的KSAO进行分析，为人力资源培训与开发提供目标和依据。具体包括，完成任务所需要了解的相关信息、原理、方法；完成任务所需要的某些熟练性、技巧性的技术能力；完成任务所需要的某些身体与精神方面较综合的行为能力；完成任务所需要的态度、品性与兴趣因素等个性特征。

（四）确定人力资源开发的具体需求

这一步主要通过分析与比较每个任务及其相应任职条件的评估分数确定人力资源开发需求系统。具体包括：为任务在职务中的重要性、出现的频率或所花费的有效劳动时间、完成的难度、任职条件相对于职务工作绩效的重要性、学习的难度以及在工作中获得的机会等评估分数。通过这些评估分数的比较与权衡，最终确定哪些任务和KSAO应该纳入人力资源开发需求系统。

需要注意的是，选择的重要标准是职务工作绩效，因此凡是对职务工作绩效具有决定性作用的任务和KSAO，都应该纳入人力资源开发需求系统。

（五）确定人力资源开发需求系统的因素级别

通过前面四个步骤，基本上可以确定组织人力资源开发的具体需求，同时也形成了人力资源开发需求系统，以显示组织对人力资源开发的各种需求。人力资源开发活动属于一种经济活动，在时间与金钱投入有限的情况下，不可能让所有的人力资源开发需求同时得到满足，因此应该考虑到每一种需求的级别，以确定人力资源开发需求系统中每一个任务和KSAO的开发顺序。

对于人力资源开发需求的排序与评级，应该让整个组织的相关人员都参加。原因在于某个人力资源开发需求可能涉及一个或多个部门，让更多的人了解人力资源开发需求的本身，可以促使更多人认识到人力资源开发的意义与价值，唤起更多人对人力资源开发的实际需求。

为了保证对人力资源开发需求排序与评级的权威性、公正性与公平性，一般要先成立一个评级委员会，并定期开会对人力资源开发的需求系统与有关资料进行全面评估与分析。委员会的成员一般由组织中跨部门的人员构成，这样既可以拥有不同的思考角度，又可以得到组织中各部门的广泛支持。

五、人员分析技术

（一）人员分析技术的概念

人员分析技术是指通过对员工行为或工作行为的观察、需求调查与逻辑推断以及人力资源开发的需求进行分析的过程。其中，绩效差距分析最为关键。

（二）人员分析技术的类型

人员分析技术有很多类型，包括总结性分析、诊断性分析、网络分析等。下面将简要介绍总结性分析、诊断性分析和网络分析。

1. 总结性分析

总结性分析主要是确认员工个人整体的绩效，将员工个人的工作结果分为成功与不成功两种类型。

2. 诊断性分析

诊断性分析主要是确认员工个人工作成功与不成功的原因，确定个体的KSAO、努力及环境因素等是如何相互结合并产生成功与不成功结果的。实际上，诊断性分析是对总结性个人行为分析的继续，分析的结果要回答总结性分析所提出的问题，从而准确地确定谁成功、谁没有成功，成功完成的任务是哪些、什么因素发挥了作用，没有成功完成的任务有哪些、原因是什么。

3. 网络分析

网络分析是指通过方框流程图示与逻辑推理相结合的方式，揭示个人绩效不佳的现状及其原因，进而确定人力资源开发需求的一种技术。

（三）人员分析技术的操作程序

在人力资源开发的需求分析过程中，上述人员分析技术的操作程序为：首先，通过上述技术确认有关员工个人实际的绩效水平；其次，确认支持实际绩效的KSAO与合格绩效水平所要求的KSAO之间的差距；再次，分析造成差距的原因；最后，针对差距原因选择合适的人力资源开发方法。

第二节　人力资源规划技术

人力资源规划技术是非常重要的人力资源开发技术，是保持一个企事业组织稳定发展必不可少的工作内容。对于一般的企事业单位而言，要想保证组织内部人力资源的合理配置与开发，就要设计一套完整的人力资源规划方案，以便能够准确预测组织人力资源的需求与供给，对组织的人力资源情况进行分析与评估。

一、人力资源规划的类型

人力资源规划的类型包括晋升规划、补充规划、开发与培训规划及轮换规划（图3-3）。

图 3-3　人力资源规划的类型

（一）晋升规划

晋升规划实质上是组织晋升政策的一种表达方式。对企业来说，通过晋升规划有计划地提升有能力的人员，以满足职务对人的需求，是组织的重要职能之一。对于员工而言，晋升规划是以充分发挥每个个体的才能并创造条件满足其要求的必要途径。

某类员工的晋升状况可用若干指标来表达，如晋升前的平均工作年限、晋升的比例等。将职务和年资[1]结合起来，可以作为衡量员工经验水平的指标。此外，相同职务与相同年资的人的质量水平又存在差异，因此只能就一类员工的平均水平来讨论其质量问题。

（二）补充规划

补充规划的作用是合理地填补企业中长期发展过程中员工数量和规格上可能会出现的空缺。补充规划中主要包括待补充员工的数量与规格，其中规格是指对员工经验水平、受教育程度、年龄及素质的要求。

值得注意的是，补充规划和晋升规划之间有着密切的联系。在员工空缺的

[1] 年资是指在某种职务（级别）岗位上经历的年限。

情况下，企业有时会从较低一级的员工中提升一位员工补充空缺。这叫作“内部补充”，既属于补充规划，也属于晋升规划。

（三）开发与培训规划

开发与培训规划的作用是为企业长期发展所需要的一些职位准备员工。开发与培训规划中必须包括能享受到开发与培训机会的员工数量与培训要求。需要注意的是，在制订开发与培训规划时，要充分考虑到环境条件，包括开发与培训单位的能力限制、质量要求及接受开发与培训的自愿程度等。

（四）轮换规划

轮换规划的作用是帮助企业在中长期发展中对员工进行轮换调整。轮换规划中主要包括各类员工应轮换的职务种类与时间，反映出企业中员工的横向流动。

总而言之，当企业的员工需求量与拥有量均具有高度固定性与高度可变性时，人力资源规划对于企业的中长期发展就具有特别重要的意义。固定性意味着员工需求量和拥有量不会轻易受到影响；可变性意味着员工需求量和拥有量将会随时间的变化而有规律地变化。然而，当外界存在极其不确定的影响时，人力资源规划的作用并不大。

二、人力资源规划的步骤

人力资源规划的步骤主要包括分析、预测、决策（图3-4）。

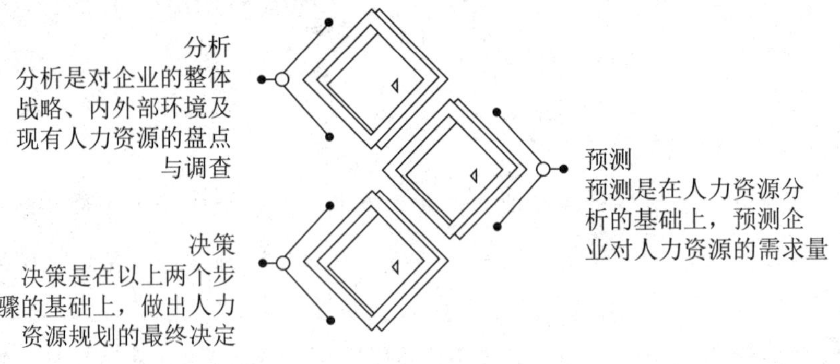

图 3-4　人力资源规划的步骤

（一）分析

分析是对企业整体发展战略、内外部环境及现有人力资源的盘点与调查。其中，现有人力资源分析的主要内容包括员工使用情况、年龄结构、学历结构、职称结构、职务结构等个人核心素质。

1. 企业的整体发展战略和内外部环境分析

企业的整体发展战略和内外部环境情况对人力资源规划的制订与实施有重要的影响。企业的整体发展战略是指企业为适应未来环境的变化，对生产经营和持续稳定发展中的全局性、长远性、纲领性目标的谋划和决策，在一定程度上决定了未来完成发展目标所需的人力资源数量与结构。企业的内外部环境会影响企业整体发展战略的制订，其中人口、教育、相关政策等因素对企业人力资源供给情况会有很大的影响。[1]

2. 企业的人力资源现状分析

（1）员工使用情况分析

员工使用情况的分析主要包括人数分析与工作潜力分析。

人数分析是指对现有人数与编制定员进行比较分析，然后按员工类别分部门、分工种地列出具体人数。在分析时，要注意编制定员本身的合理性。

工作潜力分析是指对实际工作率与标准工作率进行对比分析，据此对员工进行工作潜力的评估。实际工作率即工时利用率，是指实际工作时间与制度规定工作时间的比率。在分析时，要对直接生产员工、辅助员工、管理员工等分别进行对比。直接生产员工的实际工作率可以从劳动时间使用情况的统计报表中取得，而辅助员工、管理员工的实际工作率需要靠工作日志或工作抽样等方法，取得一次性工时分析资料。标准工作率是指主管部门要求达到的或本部门自己确定的目标工作率。根据以上解释，可以得到工作潜力W的计算公式：

$$W=\frac{(P_1-P_0)\times T\times H}{P_0\times T} \tag{3-4}$$

式中，W——工作潜力，单位为人数；

P_1——实际工作率；

[1] 徐剑：《人力资源规划全过程》，人才资源开发，2006（5）：26-27。

P_0——标准工作率；

T——制度工时，单位为小时；

H——分析期的期末人数，单位为人数。

需要注意的是，按式（3-4）进行计算时，所有计算结果要四舍五入，取整数。

（2）年龄结构分析

年龄结构分析包括平均年龄与年龄结构。

年龄的增加能反映出员工的经验与知识以及操作能力的增强，但到了一定的年龄时，员工吸收新知识的能力就会降低，体力随之下降，工作效率也会跟着下降。一般而言，员工的平均年龄在25～49岁为佳，此时学习能力与工作能力都处于最佳状态。

年龄结构是指按年龄组统计分析各类员工、各类工种（专业）以及各类职务员工的年龄结构。在企业中，员工理想的年龄结构应呈金字塔形，顶端是接近退休年龄员工的数量，底端是刚进单位的年轻员工数量。

（3）人力素质分析

人力素质分析包括各类员工学历、职称、获奖名次、考试成绩、资格、素质测评成绩等的人数比例。

（二）预测

预测时，有些因素受外界环境影响较大，难以用精确的数据来表示，如政策法规、人员积极性、产业结构调整、社会影响等，可能会导致预测结果的不准确；有些因素由客观条件所决定，可以用精确的数据来表示，如产品或劳务的需求量，有利于得到较为准确的预测结果。

考虑到外界因素的影响，人力资源规划预测环节应该按照以下过程进行。先依据企业今后的战略制订经营发展水平（产品和劳务总量等）的中长期产量计划；再把企业的产量计划转换成对人力资源需求量的预测。具体来说，人力资源预测的内容可以转化为对组织结构变化的预测、产品变化对人力需求的预测、新产品开发对人力结构影响的预测、设备的技术改造与更新对人力结构影响的预测、劳动效率的预测以及减员的预测等。

例如，在考虑科技进步对提高劳动生产率的影响时，可以按采用新机器和新体制而提高的劳动生产率来确定。仅按采用新机器所提高的劳动生产率计算的公式为：

$$\Delta L = NE/NP \tag{3-5}$$

式中，ΔL——因采用新机器而提高的劳动生产率；

NE——因采用新机器而节约的劳动力人数；

NP——计划期劳动力总数。

各个因素对提高劳动生产率的影响，都可以归结为劳动者人数或劳动时间的节约。因此，按各个因素确定计划期劳动生产率的提高幅度的计算方法为：

$$\Delta L_i = \frac{\sum E_i}{N_0 - \sum E_i} \times 100\% \tag{3-6}$$

式中，ΔL_i——由所有因素改进而提高的劳动生产率；

N_0——基期劳动者人数；

$\sum E_i$——计划期各种因素改进后节约的劳动力总数。

如果把分子$\sum E_i$，换成E_i，则有：

$$\Delta L_i = \frac{E_i}{N_0 - \sum E_i} \times 100\% \tag{3-7}$$

式中，E_i——由因素改进而提高的劳动生产率。

再如，某企业由于采用新设备、新工艺节省下来10人，由于组织结构的调整节省下来5人，由于劳动熟练程度的提高节省下来5人，已知基期劳动者人数为100人，试分别计算计划期依靠每一因素提高的劳动生产率。

由采用新设备、新工艺而提高的劳动生产率L_1为：

$$\begin{aligned}\Delta L_1 &= \frac{E_1}{N_0 - \sum E_i} \times 100\% \\ &= \frac{10}{100 - (10+5+5)} \times 100\% \\ &= 12.5\%\end{aligned} \tag{3-8}$$

由组织结构改进而提高的劳动生产率L_2为：

$$\Delta L_2=\frac{E_2}{N_0-\sum E_i}\times 100\% \quad (3\text{-}9)$$

$$=\frac{5}{100-(10+5+5)}\times 100\%$$

$$=6.25\%$$

由劳动熟练程度提高而提高的劳动生产率L_3为：

$$\Delta L_3=\frac{E_3}{N_0-\sum E_i}\times 100\% \quad (3\text{-}10)$$

$$=\frac{5}{100-(10+5+5)}\times 100\%$$

$$=6.25\%$$

（三）决策

在完成分析、预测工作后，就需要进行决策。人力资源规划中需要进行决策的问题有员工征补的决策（包括各类员工征补的数量、征补的时机、征补的方式以及对征补员工的素质要求等），职业转移的规模、时机、政策以及去向等，企业规模扩大、技术设备更新所需增加员工的数量、质量以及来源，员工开发与培训的目标、方式、人数及经费分配等。

第三节　教育培训技术

人力资源开发需求分析与人力资源规划工作完成之后，就需要选择合适的人力资源开发方法，而合适的人力资源开发方法需要合适的培训技术支持。培训作为人力资源开发的一种方式，对组织的长期绩效提升具有重要的影响。为了满足企事业单位不断发展的需要，提升员工的知识技能并改善员工的工作态度，需要对企业内的人力资源进行一系列有计划、有组织的学习活动与训练活动，实现对组织内人力资源持续不断的开发。鉴于此，本节将从培训需求分析技术、教育培训技术和培训有效性评估技术三个方面对人力资源开发的培训技术展开介绍。[1]

一、培训需求分析技术

（一）传统的培训需求分析方法

传统的培训需求分析方法主要包括观察法、调查问卷法、访谈法、群体讨论法等。

1. 观察法

观察法是通过到工作现场观察员工工作表现发现问题、获取信息。观察法可以像时间—动作研究一样技术化，也可以在功能和行为方面特定化，进而标准化。观察法最大的优点是很少会打乱常规性工作和群体的行为；缺点是对观察者的技术要求比较高，需要观察者掌握很多有关观察过程和内容的知识。

2. 调查问卷法

调查问卷法是以标准化的问卷形式列出一系列问题，要求调查对象就问题进行打分或是非选择。调查问卷法的优点在于可以在较短的时间内接触大量员工，相对来说成本较低；缺点是要想使用有效的工具进行调查，需要一定的时间，对于问题的产生原因和解决方法等方面信息获取较少。

3. 访谈法

访谈法是通过与被访谈者进行面对面的交谈来获取培训需求信息的。这种访谈可以是正式的，也可以是非正式的；可以是结构化的，也可以是非结构化的；可以在特定群体的一个样本中使用（团体、委员会等），也可以对关注的所有群体实行。访谈法的优点在于适合解释情感、解决被访谈者所面对的（或预料的）问题和解决方法；缺点是需要花费大量的时间，很难得到量化结果。

4. 群体讨论法

群体讨论法是一种类似面对面的访谈方法，常用于工作（角色）分析、群体问题分析、群体目标设定等场合。群体讨论法的优点是可以调动群体成员的积极性并得到许多观点，使部分观点在讨论过程中得到进一步完善；缺点是无

[1] 刘耀臣：《培训方式组合与培训技术应用》，中国人事科学，2019（6）：47-53。

论是组织过程还是讨论过程耗时都较长，而且如果讨论结果出现错误，容易出现推卸责任的情况。

（二）新兴的培训需求分析方法

1. 基于胜任力的培训需求分析法

20世纪60年代，哈佛大学教授戴维·麦克利兰（David McClelland）最早提出了“胜任力”的概念。胜任力是指员工能够胜任某一工作或任务所需要的个人知识、技能、态度和价值观等，是能够显著区分优秀与一般绩效的个体特征。胜任力模型有两种，一种是冰山模型，如图3-5（a）所示；另一种是洋葱模型，如图3-5（b）所示。实际上，两种模型并没有本质的区别。

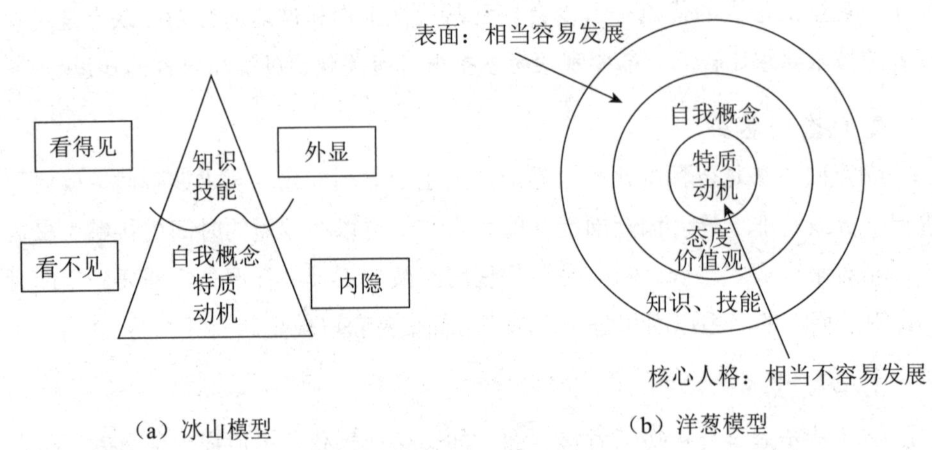

（a）冰山模型　　（b）洋葱模型

图 3-5　两种胜任力模型

在胜任力模型中，动机是指个体对某种事物持续渴望，进而付诸行动的念头；特质是指身体或心理的特性，或者对信息或情境的持续反应；自我概念是指个体关于自我的态度、价值以及自我印象；知识是指个体在特定领域的专业知识；技能是指个体能运用专业知识解决工作中具体问题的能力。员工要想具有胜任某岗位的能力，即具备一定的胜任力，就需要进行相应的培训；反过来说，为了使员工具有胜任某岗位的能力，就需要针对该岗位采用基于胜任力的培训需求分析法，分析员工的哪些方面需要进行培训。

基于胜任力的培训需求分析法的主要分为两个步骤。

第一，职位检测。将所需要的绩效水平胜任力分配到职位中，通过职位要求的绩效水平，确定所需的相关胜任能力。

第二，个人检测。依据职位要求的绩效标准来评估职位任职者个体目前的绩效水平；结合有关数据资料，依据个体绩效现状及重要性排序确定培训需求。

总而言之，基于胜任力的培训需求分析方法是比较精确的，有助于对培训进行有效评估，能够帮助有能力的员工得到重用。

2. 能力行为分析法

能力行为分析法是指通过比较被分析者个人行为与标准能力行为特征的差距，从而确定人力资源培训需求的方法。在使用能力行为分析法时，首先要确定处于人、事、物和实践四个方面的问题的基本管理能力。这些基本管理能力分为九个类别，分别为自我管理、情景控制、操作技能、沟通技能、概念建构、判断技能、推理技能、人际关系技能和领导技能。这九类能力行为特征并非都是必要的，因此确定培训需要的第一步是评判每个类别的行为特征与职务的匹配关系，然后评判员工实际表现与标准要求之间的差距。差距越大，说明培训的需求越大。

3. 全面分析法

全面分析法是指通过对企业内部各个层面进行全方位系统的调查、分析，确定理想状态与现实状态之间的差距，从而进一步决定是否进行培训以及培训内容和方法。全面分析法的优点是进行全方位、范围广、层次高的分析，注重组织运转的方方面面，其分析结果适用于人力资源开发与管理的全过程。

二、教育培训技术

（一）知识技能方面的教育培训技术

知识技能的教育培训可以划分为一般的教育培训技术、开发创造性与改进解决问题能力的教育培训技术以及改进管理能力的教育培训技术三种类型。

一般的教育培训技术包括讲授法、面谈法、阅读指导法[1]、讨论法、远程

[1] 阅读指导法是教师指导学生独立阅读教科书和参考书以获取知识，并培养学生独立阅读能力的教学方法。

网络教育法、演示法、参观教育法、练习法、实验法等方法。

开发创造性与改进解决问题能力的教育培训技术包括头脑风暴法、工作现场训练法、KJ法[1]、KT决策法[2]、案例研究法[3]、评价中心技术[4]等方法。

改进管理能力的教育培训技术包括面谈咨询法、工作现场训练法、管理人员训练法（MTP法）[5]、人事研究院管理人员培训法（JST法）[6]等。

（二）品德与态度教育培训技术

品德与态度教育培训技术可以划分为品德培养技术、人际关系改进教育培训技术和改变态度的教育培训技术三种类型。品德培养技术包括说服教育法、榜样示范法、情感陶冶教育法、实际锻炼法、生活指导法、品德评价法等。人际关系改进教育培训技术包括感受性训练、沟通分析训练等方法。改变态度的教育培训技术包括促进理解讨论法、角色扮演法等。

（三）潜能开发技术

潜能开发技术主要通过拓展训练、魔鬼训练、第五层次开发[7]等方式来挖

---

[1] KJ 法是全面质量管理的新七种工具之一，是一种利用处于混乱状态中的语言文字资料内在的相互关系（亲和性）对语言文字资料加以归纳整理，然后找出解决问题新途径的方法。

[2] KT 决策法由美国人查尔斯·凯普纳（Charles Kepner）和本杰明·特雷高（Benjamin Tregoe）合创的研究发明，是一种把发现问题分为界定问题和分析原因两步骤的方法。KT 决策法是一种思考系统，即就事情各自的程序，按照时间、场所等，明确区分发生问题的情形和没有发生问题的情形，由此找出原因和办法。

[3] 案例研究法属于一种实地研究。研究者选择一个或几个场景作为对象，系统地收集数据和资料，进行深入的研究，用以探讨某一现象在实际生活环境下的状况。

[4] 评价中心技术是现代人事测评的一种主要形式。具体方法是将被试者组成一个小组，由一组测试人员（通常测试人员与被试者的数量为 1 ∶ 2）对被试者进行包括心理测验、面试、多项情景模拟测验在内的一系列测评，在多个测试者系统观察的基础上综合得出测评结果。

[5] MTP 法是产业界最普及的管理人员训练计划，它的目的是以最大范围的综合研究方式，学习基本管理知识，进而提高管理人员的管理能力。

[6] JST 法通过了解企业的基本原理、基本原则，提高行政人员的管理水平。

[7] 第五层次开发主要是对心态的调整和潜能的开发，是相较于知识更新、技能训练、思维技巧开发、观念转变而言的。它与前一阶段社会上广泛开展的实务性培训和纯观念性培训相比，具有鲜明的特点——它是心理深层次的培训，能帮助被开发者找到阻碍发展的心理盲区，使其学会心态的自我调整，激发其创造性潜能。

掘被开发者不同方面的潜能，提高被开发者的自信心、意志力，使其加深对自己的认知。

三、培训有效性评估技术

（一）定性评估

1. 参与培训者的意见反馈

受训人员作为培训的直接参与者，对于培训的效果有着最直接的体验，他们的反应可以作为评价培训效果的依据。企业通常会采用“学员意见反馈表”的方式收集信息，内容包括培训目标是否合理、培训内容是否实用、培训方式是否恰当等。

2. 绩效评价法

绩效评价法是指职能部门运用一定的量化指标与评价标准，为实现其绩效目标以及为实现这一目标安排预算的执行结果所采取的综合性评价方法。绩效评价法要求企业建立并完善绩效考核体系。在这一体系中，要有受训者培训前的绩效记录。一般在培训结束的3～6个月之后，会对受训者再次进行绩效考核，对比受训者培训之前与培训之后的绩效，看其是否达到了培训之前制订的目标。

3. 第三方反馈法

第三方反馈法的具体步骤是第三方在培训课程前向受训者发放调查问卷，以了解受训者的行为情况；在培训结束的3～6个月之后，第三方将内容大致相同的调查问卷再次发放给受训者，最终由第三方评估受训者在培训课程结束后相关行为的变化情况。

（二）定量评估

目前，培训有效性定量评估技术主要是闭卷考试法。受训者可以通过闭卷考试法检测自己在培训中的收获，了解对知识技能的掌握情况，以便查漏补缺；企业可以通过闭卷考试法来检测受训者培训之后的效果。为了使闭卷考试起到作用，真实地反映出受训者培训之后的水平，一方面应严格考试纪律，避免相互抄袭；另一方面应将考试分数作为员工奖励、晋升的评价标准之一，提高受训者的学习积极性。

需要注意的是，闭卷考试法对于知识型和操作技能型的培训而言比较有效，但不适用于对管理培训的评估。

第四节　课程设计技术

课程设计技术在人力资源开发中处于十分重要的地位，它是知识、技能与品性开发设计的核心技术。本节将系统地介绍课程的基本理论、基本形式以及课程设计方法与技术。

一、课程和课程设计的概念

（一）课程的概念

“课程”是教育学中一个核心概念，有三种解释：一是指教育教学的内容及其结构；二是指教育教学的计划与目标；三是指学习者的经验、体验与实际学习的知识。此外，课程的表现形式也多种多样，既有活动形式、内容结构、实物表现与时间表现等不同形态，又有教育教学大纲、课本、课时、教学计划等书面文件。

从广义上讲，人力资源开发可以被视为一种带有经济目的的教育教学形式，因此课程可以作为人力资源开发的一种方法、媒介，是为实现人力资源开发目标，在一定时期内实施的有计划、有目的的人力资源开发与管理活动，是人力资源开发的形式、内容与效果三方面的总和。从狭义上讲，课程是指在特定的人力资源开发活动中为达到一定的目的而精心组织与设计的教育培训内容、教育培训计划与教育培训活动。

需要特别指出的是，本节中没有进行特别说明的内容，一般是围绕狭义概念下的课程展开论述的。

（二）课程设计的概念

课程设计是指拟订一门课程的组织形式和组织结构，其过程会受到设计者价值观与设计技术的影响。课程内容与活动形式的设计取决于设计者对课程在人力资源开发过程中所发挥作用的价值的看法；课程形式与结构的设计取决于课程目标、内容、学习活动、学习材料、学习时间、学习空间与环境、设计策略等因素的安排。

二、课程设计的思想分析

学生与在职人员的主要区别在于他们的成熟性与经验性不同，而生理与环境的影响是次要的。因此，教育专家对于课程设计的思想同样也适用于人力资源开发中的课程设计。下面将介绍几种比较有影响力的课程设计思想。

（一）泛智主义课程设计思想

泛智主义主张人力资源开发的活动无禁区，应该充分利用一切可以利用的知识与技能来开发所有可以开发的人员。泛智主义以捷克教育家夸美纽斯（Comenius）为代表。夸美纽斯在《大教学论》中提出了“把一切知识教给一切人”的思想。在人力资源开发的课程设计上，应利用泛智主义的思想扩大学科的知识范围，同时按被开发者的身心发展阶段确定学制与课程之间的相互联系与进度。

（二）自然主义课程设计思想

自然主义主张人力资源开发活动应该顺应被开发者心理的自然发展与工作需要，因此要以被开发者的工作与生活为中心来设计课程。自然主义以法国思想家让-雅克·卢梭（Jean-Jacques Rousseau）为代表。在卢梭看来，教育分为三种。他曾说：“我们的才能和器官的内在发展，是自然的教育；别人教我们如何利用这种发展，是人的教育；我们对影响我们的事物获得良好的经验，是事物的教育。”[1]

自然主义主张按照受教育者身心发展的内在规律来安排课程，让受教育

[1] ［法］卢梭：《爱弥儿》，李平沤，译. 北京：商务印书馆，1978：2。

者在自然情境中自然地发展，一切顺其自然。美国哲学家、心理学家约翰·杜威（John Dewey）也持这种观点。杜威认为，应该把受教育者的本能作为他们获得教育的基础，作为教育的出发点，课程的设置只能顺应这种本能的自然倾向，发展和满足这种自然倾向，而不能压抑和违反这些倾向。因此，杜威强调以儿童活动为中心来设计课程。

（三）兴趣主义课程设计思想

兴趣主义主张人力资源开发的课程设计要以被开发者的兴趣为基础，因此在人力资源开发活动过程中，要注意充分挖掘、培养与利用被开发者的兴趣。兴趣主义以德国哲学家、教育学家约翰·弗里德里希·赫尔巴特（Johann Friedrich Herbart）为代表。赫尔巴特认为，在知、情、意三者中，知是主要的，情和意的存在与表现都要依靠知，而对于知识的传授要建立在培养受教育者多方面兴趣的基础上。此外，赫尔巴特还认为，在课程的设计过程中，要尽力培养与利用受教育者的这种兴趣，包括经验的兴趣、思辨的兴趣、审美的兴趣、同情的兴趣、社会的兴趣等。

（四）功利主义课程设计思想

功利主义主张把知识是否具有开发人力资源的功用价值作为选择的标准，即主张把能直接为生产生活需要服务的知识作为人力资源开发课程的主要内容。功利主义的代表人物是英国教育家赫伯特·斯宾塞（Herbert Spencer）。他把学习活动按照是否有助于社会生存的用途分为五种，并以此为依据来确定课程。[1]

（五）要素主义课程设计思想

要素主义主张在人力资源开发过程中，把人类文化遗产中的精华传授给被开发者，而不是依据被开发者自己的活动与需要。要素主义的代表人物是美国教育家威廉·巴格莱（William Bagley）。他认为，社会文化、种族遗产是人类的宝贵财富，这些财富仅仅依靠被开发者个人的生活经验是学习不到的，因此课程的设计要有科学性、系统性与专门性。

持有这一思想的还有德国科学教育家瓦根舍因（Wagenschein），他主张通

---

[1] 赫伯特·斯宾塞：《教育论》，胡毅，译. 北京：人民教育出版社，1962：2。

过那些隐含着本质因素、根本因素、基础因素的典型事例，帮助被开发者掌握科学知识、方法与原理。瓦根舍因认为，这样可以让知识学习与方法掌握相统一，让实质训练与形式练习相结合，让主动学习与接受教育相统一。今天的工商管理硕士（Master of Business Administration，简称“MBA”）案例教学可以说就是这种思想的具体体现。

（六）结构主义课程设计思想

结构主义主张人力资源开发课程的设计应使被开发者理解有关学科的基本结构，包括基本概念、基本原理、基本方法与发现知识的基本过程。结构主义以瑞士心理学家让·皮亚杰（Jean Piaget）的结构主义心理学为依据，其代表人物是美国教育心理学家杰罗姆·布鲁纳（Jerome Bruner）。布鲁纳认为，人的认识过程是把新学得的信息和通过以前的学习形成的心理框架（或现实的模式）联系起来，积极地构成知识过程。因此，课程设计应该尽可能全面地讲授内容知识，以使被开发者查漏补缺。

（七）发展主义课程设计思想

发展主义主张人力资源开发课程不仅要适应被开发者现有的水平，还要具有促进其进一步发展的作用。发展主义的代表人物是苏联的赞可夫（Zankov）。他认为，教学要走在发展的前面，以促进学生的发展。因此，人力资源开发的课程设计要有必要的难度、必要的速度和必要的强度，并要以被开发者的“最近发展区”为依据，而不能仅仅以现有的发展水平为依据。

三、人力资源开发课程设计策略

（一）按照开发的需要设计人力资源开发课程

1. 以知识能力建设为中心

这种设计策略主要考虑到了被开发者应该掌握的知识与能力，要让被开发者掌握这些知识与能力开发过程中应设置哪些学科，各学科中应该包括哪些科目，为什么要包括这些学科与科目，这些学科与科目应怎样适当安排，前后的次序应如何排列，应该采取什么形式等问题。

古今中外的课程设计，大多以知识能力为中心。例如，中国古代的“六艺”（礼、乐、射、御、书、数），古希腊的“三艺”（语法、修辞、逻辑学）与“四艺”（算术、几何、天文学、音乐），现代的要素主义课程设计、结构主义课程设计等，都属于以知识能力为中心的设计策略范畴。以知识能力为中心的设计策略在泰勒（Tyler）的课程设计思想中表现得最为明显。泰勒于1944年出版的《课程与教学的基本原理》中认为，课程设计应致力于回答四个问题：学校应该达到哪些教育目标？提供哪些教育经验才能实现这些目标？怎样才能有效地组织这些教育经验？怎样才能确定这些目标正在得到实现？由此推论，要想实现以知识能力为中心的人力资源开发课程设计策略，其战术应该包括以下几个步骤。

（1）需求分析

根据工作分析对社会、行业、组织与职务需求进行调查，广泛收集任职过程以及任职者能力发展中所需要的知识、技能、能力与相关的品性素质，并把这些信息准确地表达为相关的开发目标。

（2）筛选开发目标

从调查与工作分析中得到的开发目标比较多，将其全部当作收集和编制课程的依据既不必要也不可能，因此应该把不重要与相互矛盾的目标筛掉。在筛选人力资源开发目标的标准时，不仅要坚持企业奉行的管理理念与价值观，还要根据被开发者的水平现状以及企业的环境条件、制约条件来选择可能达到的目标，即确保开发目标的可实现性。

（3）以操作方式表达开发目标

完成需求分析与筛选开发目标两项工作只是完成了开发目标的方向与内容的选择，保证了开发目标的合理性。开发目标要想具有可操作性，应该以便于开发的方式与方法指导整个人力资源开发过程。目前，在人力资源开发目标的表达中，有对开发者要求的表达，如介绍企业管理的问题与难点，演示人力资源管理的过程；有列举几个相关的问题、概念、原理或内容要素的表达，如列举企业发展的历史、当前企业面临的问题、企业的彼得原理[1]；有采取概括性

[1] 彼得原理是美国学者劳伦斯·彼得（Laurence Peter）在对组织中人员晋升的相关现象进行研究后得出的一个结论，即在各种组织中，由于习惯于对在某个等级上称职的人员进行晋升提拔，雇员总是趋向于被晋升到与其不相称的位置。

的行为方式进行表达的，如发展创造性思维，形成企业所需要的敬业精神，培养解决某种问题的能力；等等。

实际上，要想让人力资源开发目标具有可操作性，关键在于指出开发应该引导被开发者形成怎样的行为。这种行为不仅要具有外显性，能够被观察、把握与测评，还要能揭示并表达被开发者相应的知识与能力。

（4）选择适当的开发方式与学习经验

人力资源开发目标必须通过特定的开发行为方式与学习经验得以实现。因此，能否选择适当的开发行为方式与学习经验就决定了开发目标能否实现。开发行为方式与学习经验的选择必须遵循以下五条原则。

第一，在所选择的人力资源开发行为方式中，被开发者应该有足够的时间与机会来理解、操作与运用开发目标中所学到的知识与能力，获得足够的学习经验。

第二，在人力资源开发的实践活动中，被开发者能够因为在实践开发目标中学习到所隐含的行为方式、知识与能力而获得满足感。

第三，在人力资源开发的实践活动中，被开发者所期望的行为应该在被开发者力所能及的控制范围内。

第四，在人力资源开发的实践活动中，被开发者可以通过一种学习经验获得多种不同类别的知识与能力。

第五，在人力资源开发的实践活动中，被开发者可以获得特别的经验，用来掌握同样的开发目标所规定的知识与能力。

（5）科学地组合开发行为方式与学习经验

思维方式、行为习惯、观念态度、持久的兴趣爱好、品性素质等方面的形成与改变都是缓慢的，只有将各种相关的开发行为方式与学习经验结合在一起，形成一致的开发活动，才能让所有的开发行为方式与学习经验产生积累效应与效果，进而实现开发目标。因此，无论是人力资源开发的课程内容设计，还是人力资源开发的行为方式与学习经验的结合，都应该遵循连续性原则、顺序性原则以及一致性原则。

思维连续性原则是指应该让被开发者反复地涉及重要的知识与能力开发行为方式与学习经验，以便被开发者真正理解与掌握重要的知识与能力开发行为方式与经验。

思维顺序性原则是指每种开发行为方式、学习经验与知识能力的掌握，都建立在原有经验的基础上，是对之前的行为方式、经验与内容进行更为深入的延伸与发展，在难度与深度上要不断增加，而不是在同一水平进行简单重复。

思维综合一致性原则是指各种开发行为方式、学习经验与课程内容要素间都具有相互渗透性、联结性与互补性，要让被开发者逐渐获得一种统一的观点、统一的知识与能力，最后达成开发目标规定的各种标准。

（6）引进评估机制，确保开发目标的逐步实现

完整的课程设计应包括对课程目标实现度的评估，评估的对象必须是被开发者实际的变化以及对知识与能力的真实掌握水平。评估的程序共有以下四个步骤。

第一，确定评估的目标。以开发目标为依据，直接制订评估内容的双向细目表，其中要包括评估的内容与行为标志。

第二，选择与创设评估情境。创设、选择并确定哪些情境下被开发者有机会表现出开发目标所规定的知识与能力。

第三，选择评估手段。评估手段的选择与设计要与评估情境相统一。例如，知识水平的评估可以采用笔试形式，而工作适应能力的评估可以采用观察与记录的形式。

第四，分析与运用评估结果。评估的结果可以帮助人们了解课程组织实施后的实际效果与有待改进的地方，为课程的再设计与改进提供直接的依据。

综上所述，以知识和能力为中心的课程设计策略的优点是便于按照开发目标的要求确定课程的内容，在选择内容、编制教材时目的明确；便于操作，不至于漫无边际；内容体系逻辑性强，结构严谨，理论周密，便于学习。这种课程设计策略的缺点在于容易忽视被开发者的学习兴趣与需要，容易脱离实际。一般来说，以知识和能力为中心的课程设计策略更适用于学校与中长期培训开发的课程设计。

2. 以被开发者发展为中心

这种课程设计主张课程、教材都以被开发者为中心，一切都围绕着被开发者来运转，重视被开发者本身的特点，重视发展被开发者的个性，满足被开发者的需要。这种课程设计策略的依据是人本主义课程论，孔子的因材施教原

则、夸美纽斯的适应自然原则、卢梭的自然教育论、赫尔巴特的兴趣性原则、杜威的儿童中心论等都在不同程度上体现了这种课程设计策略。其中，杜威的儿童中心论把这种课程设计策略推向了发展的顶峰。这种课程设计的表现形式为活动课程、经验课程以及随机课程。

总而言之，以被开发者发展为中心的课程设计策略的优点在于充分体现人本思想，重视被开发者的兴趣与需求，强调开发活动要适应被开发者并能调动被开发者学习的主动性与积极性；重视理论与实际相结合，重视被开发者的个性发展。这种课程设计策略的缺点在于被开发者获得的知识与能力不系统，大多是零散的、支离破碎的、眼前需要的知识，不利于开发目标的有效实现，也不利于被开发者自身的发展。

3. 以社会或组织需要为中心

这种课程设计是依据社会或组织自身的需要所设计的，一般采用以问题为核心的方法，因此又被称为“问题中心课程”或“核心课程”。企业中的专项培训通常是以解决企业当前实际问题为中心的，是能把相关的知识与能力组织起来的课程体系。这是时代发展对人力资源开发课程设计提出的新要求。

目前，科学技术发展十分迅速，纳米技术、电子技术、遗传基因工程技术等新兴技术不断涌现，并越来越多地应用于企业生产中。因此，在实际工作中，一方面员工的知识水平越来越深入，另一方面员工涉及的知识面也越来越广泛。这使得员工在工作时面临许多新问题，员工需要掌握自然、社会、思维及其边缘交叉科学等知识才能解决这些问题。对此，只有建立起与时代相适应的学习型社会、学习型组织与学习型的人力资源开发系统，才能及时解决实际工作中不断出现的新问题、新情况与新课题。

总而言之，以社会或组织需要为中心的课程设计策略的优点是针对性强，有助于解决现实中很多问题；缺点是缺乏长久的持续性开发效应。对于企业内部的人力资源开发来说，这种课程设计策略比较实用。

（二）按照开发的目的设计人力资源开发课程

按照开发目的设计人力资源开发课程，其策略可以分为基本素质开发目标取向、行为开发目标取向、特长素质开发目标取向和个性发挥开发目标取向四种。

1. 基本素质开发目标取向

基本素质开发目标取向是根据企业内各种职务要求分析、工作内容分析与员工个人开发需求分析，确定适合绝大多数员工的基本知识、技能、能力与品性素质，甚至还可以引申出一般的开发宗旨与原则，将其直接用于课程内容设计与开发实践活动中，成为人力资源开发活动过程中一般性与规范性的指导方针与具体目标。

总而言之，基本素质开发目标取向具有普遍性、抽象性、根本性、模糊性和规范性的特征，可用于任何部门与员工的人力资源开发。

2. 行为开发目标取向

行为开发目标取向是根据具体的岗位工作方式与内容，结合知识、技能与品性素质，用一些外显的、可观察到的具体行为来表述开发目标的内容与要求。行为开发目标取向始于课程开发科学化的早期倡导者美国芝加哥大学教育管理学教授约翰·富兰克林·博比特（John Franklin Bobbitt）。他在1924年出版的《怎样编制课程》一书中，用“活动分析法”对人类经验与职业进行了系统分析，提出了10个领域中的800多个行为开发目标。20世纪六七十年代，美国教育学者R.F.梅杰（R.F.Major）等人认为，行为开发目标应该包括三个行为要素：一是用被开发者的外显行为揭示开发的结果，二是评价者能观察到这种行为表现的条件，三是行为表现好坏有公认的评判标准。

总而言之，行为开发目标取向指明了开发活动结束后被开发者身上发生的行为变化，其特征是精确、具体，具有可操作性。

3. 特长素质开发目标取向

特长素质开发目标取向是根据每年被开发者已形成的较为突出或缺乏的知识、技能、经验、能力与品性素质设计相应的开发内容与目标，以便挖掘被开发者长处或化短处为长处。例如，把一个下岗的体育教师开发为运动器械销售人员；对一个国内著名的音乐家进行英语水平培训，将其开发为国际型的音乐家。这种开发目标取向，起源于杜威的“教育即生长，教育即改造”观点。

人力资源开发的目的可以归纳为三个方面：一是在最短的时间内，用最少的花销开发出员工的实际生产力；二是发挥员工的优势，弥补员工的不足，使其更具生产力与竞争力；三是促进员工现有生产力的发展，使其提高到一个新水平。人力资源开发目的的三个方面都与特长素质开发目标取向相一致，可见这是一种能有效提高被开发者能力、素质的方法。

总而言之，特长素质开发目标取向投入少、见效快，最具经济性与高效性。

4. 个性发挥开发目标取向

个性发挥开发目标取向是根据每个员工已形成的生产力、个性素质及所在的具体生产环境条件最大限度地引导与激发其行为表现与个性发挥。这种人力资源开发注重的是开发过程以及最终目的，而不是每个阶段的具体目标。此外，个性发挥开发目标取向追求的不是被开发者反映的同质性、统一性与标准化，而是多元性、特殊性与充分性。因此，它更加强调被开发者的创造性、方法性与个性化。

总而言之，个性发挥开发取向策略特别适用于对高层人员的开发与研发人员的开发。

四、人力资源开发课程设计模式

关于“模式”，不同的研究者有着不同的解释。这里所说的“模式”是理论的价值取向以及相应的实践操作方式系统，是结构与功能、形式与内容的具体统一。单纯的理论论述与具体的操作都不能称为模式。课程设计模式就是关于课程设计的价值取向与相应操作方式的统一体。下面将简要介绍四种人力资源开发课程设计模式，具体如图3-6所示。

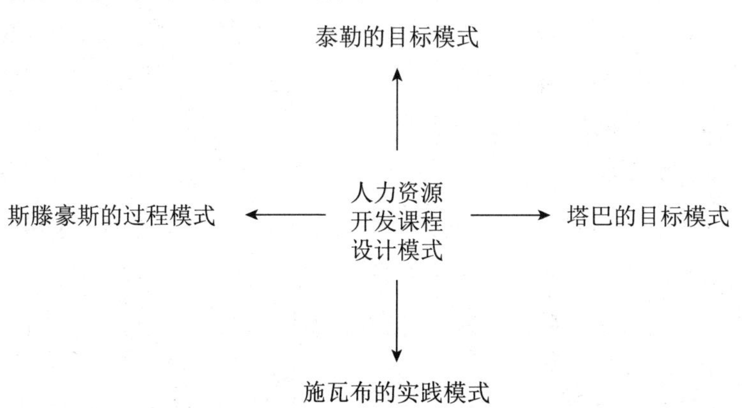

图 3-6 四种人力资源开发课程设计模式

（一）泰勒的目标模式

关于如何设计人力资源开发课程，可以参考美国教育学家拉尔夫·泰勒（Ralph Tyler）在《课程与教学的基本原理》一书中所提出的课程设计的四个阶段，具体内容如图3-7所示。

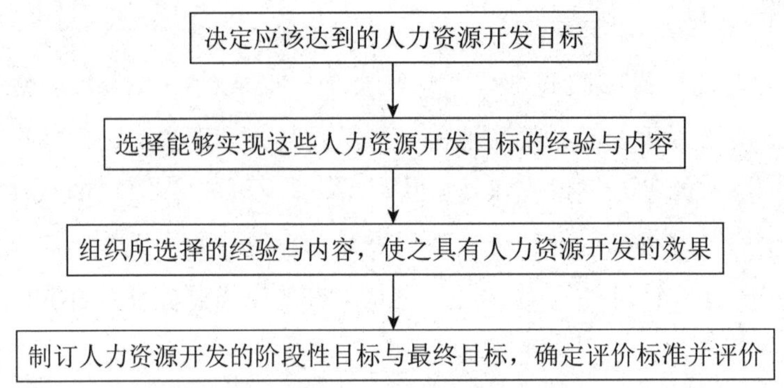

图 3-7　泰勒提出的课程设计的四个阶段

泰勒提出的课程设计四个阶段的实质是以目标为中心的课程设计，因此这种课程设计模式又被称为“目标模式”。

（二）塔巴的目标模式

美国课程论家希尔达·塔巴（Hilda Taba）是泰勒的学生，她把泰勒提出的四个步骤扩展为八个。第一，课程设计者应该明白被开发者的需求，了解其不足、缺陷及其背景差异；第二，在确定被开发者需求的基础上，构建所要实现的开发目标；第三，依据所制订的开发目标，参考各种可供选择的内容、方法与手段，选择课程的内容与主题；第四，根据被开发者的成熟度与现有水平，安排组织课程并安排适当的学习题材和主题的顺序；第五，根据题材、主题及其顺序，为被开发者选择适当的学习形式或开发形式，如听课、实验、观察与讨论等；第六，对所选定的开发形式与内容加以组织、合理安排并实施；第七，设计适当的方法与工具评价被开发者所发生的变化，以确认开发目标达成的程度；第八，试用并验证课程设计的有效性与可操作性，依据具体情况与需要修正并调整教学。

根据上述思想，可以提炼总结出按照塔巴目标模式设计人力资源开发课程的流程，具体内容如图3-8所示。

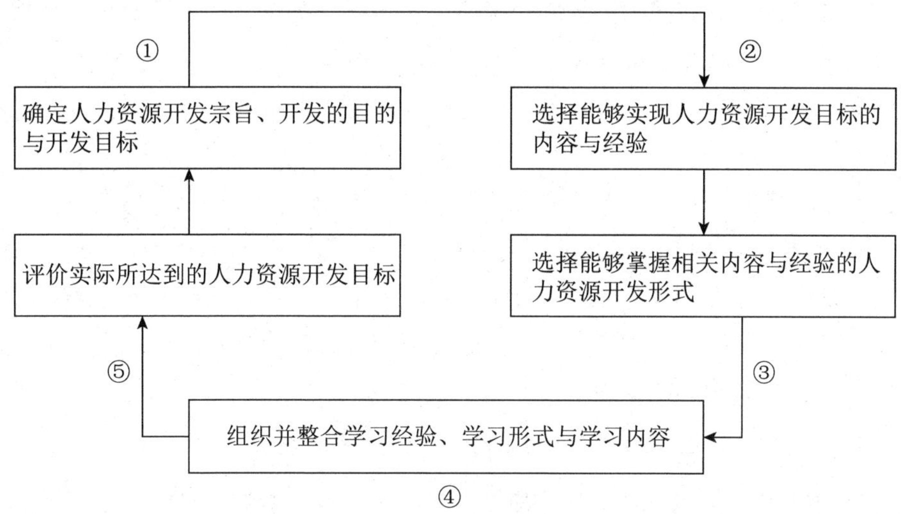

图 3-8 按照塔巴目标模式设计人力资源开发课程的流程

（三）施瓦布的实践模式

约瑟夫·施瓦布（Joseph Schwab）是美国著名课程理论专家，他提出的实践模式课程理论强调课程的实践价值和动态过程，重视教师和学生在课程开发中的作用，主张用集体审议的方式解决课程问题。施瓦布认为，课程设计与编制中所涉及的因素多种多样，各种因素相互依存、相互影响，因此课程设计也应该在实践中进行，但是无论什么样的模式都不可能解决人力资源开发课程设计的所有问题。

施瓦布提出课程设计中应重点考虑科目内容、开发情景、被开发者和开发者四个因素。考虑科目内容的意思是课程设计要考虑到作为课程内容的知识在实践中的操作形式与开发课程中的编排形式不同。考虑开发情景的意思是课程设计要考虑可能会影响被开发者学习的各种因素，如课堂、企业文化、家庭、价值观等。考虑被开发者的意思是课程设计要从被开发者的实际情况出发，不仅要了解被开发者的认知水平、知识基础与年龄特征，还要考虑到被开发者的情感、兴趣、生活背景以及个体差异。考虑开发者的意思是课程设计要考虑到开发者的因素，这也是在整个开发过程中都应加以考虑的内容。

在按照施瓦布实践模式设计人力资源开发课程时，应该由开发主管、开发者、被开发者、用人单位主管共同组成“课程审议小组”，由课程主席负责，通过小组成员的合作、集体审议，根据课程实践的复杂性，做出有关课程设计的决定。

（四）斯滕豪斯的过程模式

英国著名的课程理论家劳伦斯·斯滕豪斯（Lawrence Stenhouse）在进行了大量的理论研究和吸收了英国许多课程编制的实践经验的基础上，提出了课程设计的过程模式。斯滕豪斯认为，虽然目标设计理论提供了一种设计手段与设计方法，但是它强调逻辑性，而不重视基础性。课程的研究和开发应该是一个动态的、持续发展的过程，课程的设计也应该是集研究、编制、评价为一体的。人们应该通过详细的说明内容和说明过程中各种原理和方法，合理设计课程，而不是用目标预先指定所希望达到的结果。因此，他对人力资源开发课程设计主张只问耕耘不问收获。他认为，如果选择的知识与活动形式真正合理，那么课程质量就一定有保证。

在按照斯滕豪斯过程模式设计人力资源开发课程时，课程设计重点应在于保证知识与活动形式的合理性，无须服从于人为制订的开发目标，更无须用评价标准衡量目标达到的程度。

五、人力资源开发课程设计顺序

一般而言，人力资源开发课程设计按照宏观、中观和微观的顺序进行。三种设计的操作及其依据如图3-9所示。

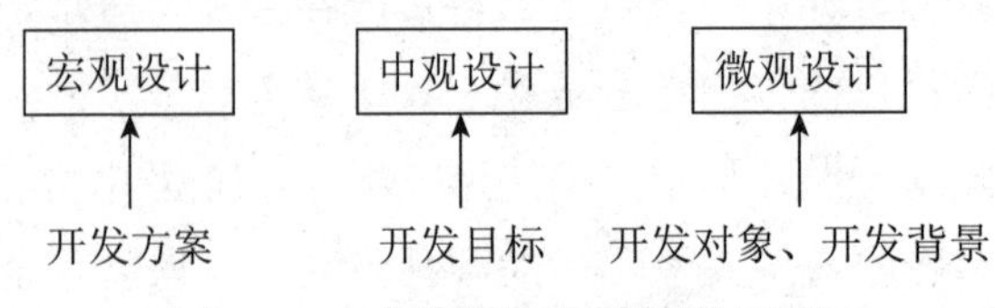

图 3-9　人力资源开发课程设计顺序

宏观设计主要解决人力资源开发课程的基本理念问题，包括课程的价值、课程的根本目的、课程的主要任务、课程的基本结构等。设计成果表现为课程设计的基本原则或计划方案。当课程针对一个时期进行设计时，宏观设计应能说明各类课程的比例关系、门类结构、开设顺序、时间分配等。

中观设计主要将宏观设计后的人力资源开发课程计划具体化，形成各门课程的大纲或标准，并以课本或其他形式表现出来。

微观设计主要根据中观设计的课程大纲、课程标准或课本、具体的开发对象、被开发者的基础、开发环境、开发条件以及可利用的相关资源制订具体的课堂开发方案。

第五节　效果评估技术

人力资源开发效果评估是组织管理的关键环节，旨在使组织的人力资源开发系统既能保持竞争优势，又能满足客户需求，还能保持成本优势。人力资源开发作为企业组织管理中的重要组成部分，必须通过具体干预措施来实现。这就意味着人力资源开发效果评估具有极为关键的作用。鉴于此，本节将主要分析人力资源开发的效果评估技术。

一、效果评估系统

效果评估系统是基于人力资源开发理论与实践构建的系统，要将其置于人力资源开发的全过程中看待。企业如果想要取得更好的发展，最好的方式就是对人力资源开发采取干预措施。因此，对一个企业来说，最不可或缺的就是人力资源开发效果评估。效果评估系统由三个部分组成，效果评估计划、效果测评工具和效果报告。这里主要介绍效果评估计划和效果报告，效果测评工具会结合效果测评方法加以介绍。

（一）效果评估计划

效果评估计划是一份决策性文件，是整个效果评估的前提和核心，它几乎囊括了测评中的所有问题，并会给出解决问题的方法。效果评估计划包括五个组成部分，分别提出五个基本问题，如图3-10所示。

评估工作主要针对哪些效果

在选定的效果选项中，应该在时间轴的何处收集数据

沿着时间轴收集到的数据需不需要和时间轴以外的数据进行对比

对于选定的效果数据进行对比分析的计划是什么

在执行计划时，需要注意的事项有哪些

图 3-10　效果评估计划的五个组成部分

预期效果是效果评估计划的第一步，可以分为预期认知效果、预期学习效果和预期绩效效果三个类型。在这一环节中必须明确是要对所有效果选项进行评估，还是只对其中一个或几个进行预期效果评估。

下面将按照从低到高的重要性程度，分别介绍预期认知效果、预期学习效果和预期绩效效果。

1. 预期认知效果

在效果评估计划中，预期认知效果按照主体的不同可以分为参与者的认知和利益相关者的认知。参与者的认知是指对系统、流程、产品以及服务有亲身体验的人的认知；利益相关者的认知是指组织的领导者的认知和可以从预期效果和方法中获得既得利益的人的认知。

2. 预期学习效果

在效果评估计划中，预期学习效果有知识和技能两个核心范畴。其中，知识是指通过不断学习和经验不断积累获得的智力上的进步；技能是指在某一领域，通过学习和经验获得生产绩效和最佳效能的行为。一般情况下，知识结构与理论模型的关系更密切，技能结构与实践模型的关系更密切，二者都是评估的重点，都遵循同一总体结构。[1]

3. 预期绩效效果

在效果评估计划中，预期绩效效果有系统效果和财务效果两个核心范畴。系统效果是指与组织相关的产出，它常常以产品或服务的形式给顾客带来价

[1] 姚培龙：《科技计划实施效果评价指标体系建立及模糊综合评价》，科技管理研究，2007（7）：91-92。

值。这些产品或服务还与关键的组织管理过程、工作流程、小组或个人的产出息息相关。财务效果是指由干预带来的转化为货币和财务利益的产品或服务的产出。

（二）效果报告

效果报告是对具体的项目实施效果的总结，旨在评估每个项目的效果，并将其报告给组织内的适当的利益相关者。效果报告主要传达两个关键问题，即如何有效地传达评估结果和如何依据评估数据制订正确的决策。

实际上，效果报告有标准格式、标准分段和标准数据报告的方式。具体而言，效果报告主要包括以下七个标准部分。

1. 组织和项目标题

组织和项目标题部分要提供有关项目的名称、干预实施的日期、地点以及参与者人数等关键数据。其中，干预层面的信息包括如何将所有数据存储在数据库中。需要注意的是，重复性的干预可以合并为一个累计报告，而且该报告应该具有一个描述性的、独特的标题。

2. 项目目的

项目目的通常占50字甚至更小的篇幅，主要内容为最初效果状态及预期效果的简单陈述。项目目的涉及五种绩效变量（包括目标、系统设计、能力、动机和技能）在组织、流程、个人和团队层面的状态。

3. 项目描述

项目描述一般也在50字左右，包括名称、时间、长度、内容或方法的描述性特征以及即时结果。

4. 效果总结

效果总结是对每个评估选项以及每个选项对既定目标达到情况的简单介绍。例如，财务效果是既定目标的200%，而技能效果只完成了既定目标的98%。

5. 分发名单

在分发名单时，名单中应该详细列出收到该报告的人员。

6. 效果评估

效果评估是效果评估报告的核心，其主要内容是关于绩效、学习和认知方面的数据。

7. 改善建议

改善建议要对整个项目进行50字左右的陈述，其内容应侧重于对人力资源开发项目的评估，也可以提出可行的改善建议。

二、效果评估方法

人力资源开发效果评估内容与技术的选用见表3-3。下面将以表3-3中第一层次意见评估为例，阐述如何对人力资源开发效果进行评估。首先，要设计人力资源开发活动评估表、被开发者满意度调查表或小组面谈记录表等；其次，进行评估活动；最后，分析评估结果，主要分析不满意者的反映事项、不满意的频率或次数以及顾客满意度指标等。

表 3-3　人力资源开发效果评估内容与技术选用一览表

层次	名称	主要指标	评估的内容与指标	技术选用
第一层次	意见评估	被开发者的满意度	教材、开发者或讲师、设施、方法、内容、环境、组织与管理	问卷法、面谈法、会议座谈法
第二层次	学习评估	被开发者的学习态度	知识、技能、观念、态度与其他素质变化	笔试、问卷法、面谈法、会议座谈法
第三层次	行为评估	岗位工作的改善程度	出勤率、产品合格率、工作效率、事故减少率、工作态度变化等	跟踪调查法、实地观察法、绩效考评对比法
第四层次	绩效评估	整个组织效益的改善程度	单位产品产出率、单位成本降低率、人工成本降低率、品质提高率、准时交货率、事故下降率	产值计算法、跟踪调查法、跟踪观察法、会议座谈法

由于人力资源开发效果评估的方法比较多，下面将主要以学习评估为例进行讨论。

在效果评估系统中，学习效果分为知识效果和技能效果两种。所有企业都需要依靠员工的知识和技能来建立和实现企业目标。对此，人力资源开发管理者必须清楚地意识到，学习是人力资源开发中最基本的因素。为了完成任务，员工需要了解任务本身，并具备完成任务的能力。但是，这并不意味着了解目标并具备一定的能力就能完成任务。知识和技能虽然是产生绩效的先决条件，但是如果没有工具，或员工在运用新技术时阻力重重，那么知识和技能就无法物尽其用。由此可见，验证学习效果对于企业和被开发者来说是相当重要的。对此，除了对知识效果和技能效果进行直接评估外别无他法。

被开发者在控制自己的整个学习过程方面存在着巨大的局限性，需要借助外力以实现对被开发者的监督和评价，而形成性评价刚好适合对被测者进行监督和评价，包括过程诊断、反馈与指导。需要注意的是，员工个人并不能自我评估学习效果，即便是员工的学习目标圆满完成，并获得了一定的知识和技能。要想员工习得的知识和技能学以致用，企业还需要创造一整套工作条件进行配合。

下面以开发员工的销售沟通为例，采用形成性评价对人力资源开发效果进行评估。

根据工作结构的分析，销售沟通的培训内容可以划分为五个部分，包括开篇和结束、价值/证据、听课、提问以及支持材料。在排除外界干扰的情况下，销售沟通的知识结构属于理论模式，其技能结构属于实践模式。当培训快要结束时，要安排一次测试。测评试卷包括选择题和匹配题，共计50道。假设有5位顶尖的销售人员参与了这个测试，他们的平均分为43分，那么参与者的及格标准就被定为40分，没有达到及格标准的参与者可以在培训结束后的两周内重考。另外，在后续工作中仍要进行跟踪技能效果评估，为参与者提供重新测评的机会。

销售沟通培训的内容是知识和技能测评的基础，销售经理作为专业评估员，在人力资源开发过程中，要根据真实场景评估被开发者的表现。由于销售经理本身接受过相关开发，可以准确地判断出标准以上、符合标准、标准以下的等级。在培训结束后的60天，销售经理可以通过表3-4的格式评估每个被开发者在实际销售中的表现。

表 3-4　销售沟通培训过程评价指标

测评内容	评分等级		
	1 分（标准以下）	2 分（符合标准）	3 分（标准以上）
开篇和结束			
价值 / 证据			
听课			
提问			
支持材料			

该评价模式的目的在于让每一位被开发者在培训结束后就可以立刻获得达到标准的分值。使用三个等级意味着被开发者的技能平均分应为2分或者更高。在评估之前，首先要确保评估者对销售过程有着清晰的认识，只有这样才能对被开发者学习的细节进行评估。例如，“开篇和结束”有三个主要的组成部分，一是吸引注意力，二是在两分钟内陈述总体概况，三是呼吁学习者的实际行动，为接下来的销售流程做准备。评估者应在熟知这三个组成部分的基础上，对被开发者的行为表现进行评估。

三、效果评估实践

人力资源开发效果评估涉及两个关键问题，即数据收集和评估设计。

（一）数据收集

从评估的定义可以看出，效果评估建立在数据收集的基础上，只有数据收集得完整、充分，才有利于评估者进行判断。前文已经列出了数据收集的方法，包括访谈、问卷调查、直接观察、测验等。其中，问卷法便于迅速作答和分析，被人力资源开发管理者广泛使用，是人力资源开发评估常用的方法。

人力资源开发效果评估比较常用的三种指标分别是个人绩效、系统绩效和财务绩效。个人绩效反映的是单个被开发者的知识水平和行为表现，其数据主要包括员工的测验成绩、产品件数、作业的适时性和质量、出勤率以及工作态度等。系统绩效与实施人力资源开发的团队、部门甚至整个组织绩效密切相关，其数据主要包括生产率、废品率、消费者和客户满意度等。财务绩效反映的是组织的财务状况和经济表现，其中投资回报率和效用指数是主要参照指标。

总而言之，不同指标的侧重点不同，反馈的信息也不同。因此，要想对一个人力资源开发项目进行评估，至少要收集以上三类数据。

（二）评估设计

评估设计在这里特指设计人力资源开发评估的研究方案。人力资源开发评估的研究方案是人力资源开发评估的关键环节，它不仅决定了评估研究预期的结果，而且决定了采集数据以及解释数据的方法。

具体而言，人力资源开发评估的研究方案应包括以下两点内容。

1. 前测和后测

进行前测和后测可以让被开发者了解培训究竟改变了什么。如果大多数被开发者在培训前已经掌握了培训讲授的相关内容，那么被开发者在后测中拿到了高分也并不能说明是此次培训的效果。[1]

2. 控制组

控制组是指一组与被开发者相似的员工，他们不参加培训，类似于生物实验中的对照组。在培训过程中，需要对控制组进行与被开发者同样的测试，然后将他们的得分与被开发者的得分进行比较。最理想的情况是培训组和控制组在培训前的测试中得到相似的分数，但在培训结束后，培训组的得分有明显提高，而控制组的得分没有变化。这样的结果可以较好地说明培训的效果。[2]

此外，在设计人力资源开发评估的研究方案时，还要考虑两个因素。第一，在使用控制组的情况下，开发者应该确保培训组与控制组尽可能相似。如果开发者能够随机将员工分配到培训组和控制组，可以大大提高测试结果的真实性。第二，培训结束后，开发者需要对被开发者进行一段时间的观测。这被称为“时间序列设计”，可以让开发者观测到被开发者个人绩效的周期变化。

---

[1] 赵曙明，沈群红：《论企业人力资源管理评估的功能与方法》，生产力研究，1998（6）：3-5。

[2] 乔恩·M. 沃纳，兰迪·L. 德西蒙：《人力资源开发（第4版）》，徐芳，董恬斐，译. 北京：中国人民大学出版社，2009：218。

第四章　人力资源开发途径探究

人力资源开发是一个与人力资源管理有所不同的领域，它在战略人力资源管理中具有十分重要的作用。本章首先将试图构建人力资源开发系统；其次，将对人力资源配置进行探究；最后，将总结归纳人力资源开发的各种方法，包括自我开发、职业开发、管理开发和组织开发，并对这些方法进行研究。

第一节　构建人力资源开发系统

一、人力资源开发概述

（一）人力资源开发的概念

本书将人力资源开发定义为开发者通过学习、教育、培训、管理、文化制度建设等有效方式，对既定的人力资源进行利用、塑造、改造与发展，从而实现一定的经济目标与发展战略的活动。开发者既可以是政府、学校、团体、协会、私有机构、公共组织等，也可以是企业主管、个人、被开发者等。

当开发者为被开发者自身时，开发方式一般是学习，开发的目的是追求发展。当开发者为企业主管时，开发方式通常是培训、管理与文化制度建设等；开发目的是提高企业的竞争力和生产力，增加企业的经营利润，实现企业的经营目标。当开发者是机关、团体或事业单位时，开发方式一般是培训、管理与文化制度建设等；开发目的是提高工作效率与质量，实现组织目标。当开发者为政府时，开发方式通常是教育、医疗和保障制度的建设、提供人口发展政策等；开发的目的是提高全民素质，使人民具备各种有效参与国民经济建设所必需的体力、智力、技能以及正确的价值观与劳动观念，从而满足国家与社会经济持续发展的需要。当开发者为学校、教育机构或家庭时，开发方式一般是教育、教学、宣传等；开发的目的是提高学生的素质，促进个人进步与社会发展。

综上所述，笔者认为，任何一种人力资源开发活动，都具有开发主体、开发客体、开发方式、开发目的、开发时间、开发计划等关键要素。

（二）人力资源开发的类型

从空间形式来看，人力资源开发的类型主要有行为开发、素质开发、个体开发、群体开发、组织开发、区域开发、国家开发和国际开发。行为开发是指为改变某一种行为方式而进行的训练或激励活动；素质开发是指为培养、提高与改进某一方面素质的教育、教学、培训、学习与管理活动；个体开发是指从个人既定的角度出发，对人力资源进行合理运用，使其充分发挥作用，从而获得科学发展的活动；群体开发是指从既定群体的特点出发，采取优化组合、优势互补等人力资源配置手段对既定群体进行结构上的调整，以实现群体人力资源结构的优化、功能的增强；组织开发是指在组织范围内进行的一切人力资源开发活动，主要手段是文化建设、组织建设、制度建设与管理活动；区域开发是指为提高一定区域内人力资源的数量、质量与功效而进行的活动，如我国西部的人力资源开发活动等；国家开发是指一个国家为提高其人力资源数量与质量而进行的活动，如我国的计划生育政策、九年制义务教育、劳动人事制度改革、医疗卫生保障制度等；国际开发是指世界各国为促进全球经济发展有组织、有计划进行的人力资源开发活动，如联合国开发计划署进行的人力资源开发。

需要注意的是，国家人力资源开发往往是通过政府人力资源开发实现的。政府的人力资源开发是指政府部门从政府管理的目标出发，通过人口管理、学校教育、政策制订、体制改革、文化建设、医疗保健等途径，对国家、区域、行业或组织内部特定人口进行的一种宏观人力资源开发活动。

从时间形式来看，人力资源开发的类型有前期开发、使用期开发与后期开发三种。前期开发是指人力资源形成期间与就业前的开发活动，包括家庭教育、学校教育、就业培训等；使用期开发是指在人力资源在使用过程中的开发活动，如在职培训、职业生涯设计等；后期开发是指法定退休年龄后的人力资源开发活动。

从对象来看，人力资源开发的类型有品德开发、潜能开发、技能开发、知识开发、体能开发、能力开发、智力开发、人才开发、管理者开发、技术人员开发、普通职员开发等。

（三）人力资源开发的特点

1. 基础性

任何开发都是建立在一定基础上的，人力资源开发也不例外。只有开发客体的数量和质量达到一定程度时，才能实现对开发客体的有效开发。人力资源的开发活动是通过提高劳动者的能力和素质，为社会培养和提供源源不断的高素质人力资源，为人们有效开展经济、政治、文化、教育等社会活动奠定基础。人力资源开发的基础性是其他任何活动都不具备的，也是其他任何活动都不能取代的。这也正是人们越来越重视人力资源开发的原因所在。

2. 目的性

无论何种类型的人力资源开发，都有其特定的目的。只有具有明确的开发目标，才能确定具体的开发任务，选择科学的开发途径和方法，从而达到预期的开发效果。例如，个体开发的目的是提高个体的某项能力。企事业单位开发的目的是提高员工整体的素质和竞争力，实现组织的经营目标和战略发展目标。国家开发的目的包括两个方面：一是实现充分就业，高效合理地利用现有的人力资源实现社会经济效益的最大化，保持社会稳定；二是提高全民素质，包括健康卫生水平与文化教育水平，造就各种专业技术人才与创新性人才，促进国民经济健康持续稳定发展，提高国家竞争力。国际开发的目的是保持各国人力资源对整个世界经济发展的促进作用。

总而言之，人力资源开发的目的性大多体现在为实现一定的经济目标与价值目标的服务性上，并且都是以经济效益、社会效益与政治效益获取为中心。也就是说，综合效益最大化是人力资源开发所追求的最终目的。

3. 系统性

人力资源开发活动本身就是一个系统，其中包括要素结构子系统、数量分布子系统、要素作用相互影响子系统、要素相互生存与发展子系统等。企业的人力资源开发系统有年龄结构子系统、学历结构子系统、职务职称结构子系统、性别结构子系统、工龄结构子系统、工资类别结构子系统和品性结构子系统等。单个个体的人力资源开发系统包括知识结构子系统、技能结构子系统、品性素质结构子系统、年龄结构子系统，以及岗位、部门、家庭、社会环境活动子系统等。如果只注重对其中一个子系统或某个子系统中某一个要素的开发，那么最后所取得的开发效果也会十分有限。

总而言之，人力资源开发系统性的复杂性决定了人力资源开发活动需要国家、社会、组织、家庭、个人持之以恒地通力合作、密切配合，只有这样才能取得实效。

4. 战略性

人力资源开发活动在国家、地区、企业以及个人所从事的一切活动中都占据着重要地位。人们只有通过科学的人力资源开发才能提高自身能力，不断完善自我，实现全面发展，实现自我价值和人生奋斗的目标。因此，在制订人力资源开发方案时，开发目标一定要满足未来改革的需求，满足战略规划与发展需要。如果人力资源开发缺乏战略眼光与战略措施，那么人力资源开发活动就不具备任何价值。从这个意义上来说，人力资源开发是人力资源中长期规划实现的手段与途径。

5. 双重性

双重性是指由被开发对象的主观能动性所决定的人力资源开发主体与客体的角色转换及其互动性。除了个体自我开发之外，任何人力资源开发都具有主客的双重性，这是人力资源开发区别于其他资源开发的重要特点之一。在人力资源开发活动中，人力资源开发的客体具有主观能动性，开发主体的目的性只有通过被开发者的能动接受性才能达到预期的效果。

人力资源开发的主客双重性决定了人力资源开发活动的复杂性，因此开发主体要重视与开发客体的沟通，并在开发目的、开发计划与开发措施上达成共识，使开发客体在人力资源开发中积极配合，发挥其主观能动性，最终达到开发主体与客体的双赢。

6. 动态性

人力资源开发活动是一个长期的、历史的发展过程，人力资源开发的目的就是在这一过程中逐步实现的，这体现出人力资源开发的动态性。人力资源开发客体的主观能动性、开发过程中的长期性以及开发活动的负责性共同决定了人力资源开发的动态性。人力资源开发必须根据开发过程中出现的各种不确定因素及其变化，不断调整开发的阶段性目标、内容与措施；根据人力资源个体的差异性，采取不同的开发方式与方法；根据取得的阶段性成果与出现的问题，及时调整与优化下一阶段的开发计划与方案。

二、人力资源开发战略

20世纪90年代以后，随着企业面临的竞争日益激烈，企业对人力资源开发与管理的需求也在不断提高。与此同时，资源基础论的兴起使得人们开始从战略视角上了解认识人力资源，并逐渐意识到人力资源开发是一个长期的、动态的、系统的过程，人力资源应该为企业的发展战略服务。

（一）人力资源开发战略的概念

对于人力资源开发战略的研究，最早可以追溯到20世纪80年代。当时对人力资源开发战略的研究还是零星的、分散的，研究的方向主要集中于强调有规划的学习对企业绩效的作用。

到了20世纪90年代，科技文化日新月异，人们逐渐认识到拥有高技能、高技术、高能力的人力资源对于企业实现长期可持续发展的重要性。人力资源开发对企业发展战略贡献程度的提高凸显了人力资源开发战略的作用，使得人力资源开发成为企业管理者最为关注的主题。

目前，学术界对于人力资源开发战略的理解多种多样，并未达成统一。本书在参考了众多学者的研究成果后，将人力资源开发战略定义为企业为达到一定的目标，通过培训、职业开发、组织开发等多种形式，促进员工与企业的共同成长，提高企业工作效率和收益，进而实现企业可持续发展的过程。

（二）人力资源开发战略的内容与实施

人力资源对于企业发展的重要意义在于企业要想实现可持续发展，就必须实施人力资源开发战略，把开发人力资源作为整个管理工作的轴心。

在制订人力资源开发战略时，应将人力资源开发的各个要素建立在由企业管理层共同确定的、符合企业内外利益相关者的利益以及企业所有员工一致认同的企业发展战略目标与企业远景规划的基础上。在人力资源开发战略实施过程中，要考虑到其系统性，保持内部与外部的一致性。内部一致性包括垂直一致性和水平一致性。垂直一致性是指人力资源开发战略都应符合企业的特点，与企业的总体发展战略相一致，要能够将企业的人力资源开发战略目标集中在企业的总体发展战略上；水平一致性是指人力资源开发战略对企业所有的内在因素进行补充和支持的情况，意味着企业的人力资源哲学、企业学习、企业文化、人力资源管理都能够做到彼此之间协调配合。外部一致性是指人力资源开发战略需要与企业的外部环境协调、契合、一致。外部环境的范围很广，包括一切与企业的经营有关的外部因素，如政府的法令法规、科技的发展、市场的竞争、社会的文化等。

下面将分别对构成人力资源开发战略的部分内容与实施进行阐述。

1. 树立以人为本的人力资源哲学

人力资源是实现企业战略的决定者，能够为企业带来增值效益。在制订人力资源开发战略时，应该树立以人为本的人力资源管理哲学，以确保该战略的方向性和有效性。

首先，人力资源管理者应充分了解企业内部人力资源的价值及其在获取竞争中的优势，了解人力资源的经济价值与特点。这是树立以人为本人力资源管理哲学的重要前提条件。

其次，人力资源管理者需要思考以下三个问题：①本企业的竞争优势是什么，即企业在哪些方面优于竞争对手？②在整个企业的价值创造链中，关键因素是什么？③哪些员工具有保持企业竞争优势的最大潜力？

最后，人力资源管理者应通过各种有形和无形的方式向每一名员工表达出企业对人力资源的重视，并把这种人力资源管理哲学贯彻落实到具体的人力资源开发与管理的政策、制度与实践中。

2. 开展积极主动的企业学习

面对不断变化的社会环境，企业如果不大量地、不间断地进行知识的更新与积累，就会惨遭淘汰。为了适应环境的变化，企业只有及时对环境的变化做出反应，不断地吸收、处理外界信息，保持高度弹性和柔性，才能更好地迎接挑战。因此，以单纯的培训观和教育观为依据的人力资源开发理念已经不再能满足当今时代发展的需求。这就要求企业要成为学习型企业，由以往员工的个人学习、被动学习转变为主动的企业学习。

彼得·圣吉（Peter Senge）作为学习型组织之父、当代最杰出的新管理大师之一，提出了“学习型组织是一个通过培训弥漫于整个组织企业的学习气氛，充分发挥员工的创造性思维能力而建立起来的一种有机的、高度柔性的、扁平的、符合人性的、能持续发展的组织”。[1]根据这一定义，笔者从思维方式上推论出学习型企业应该具有以下特点。

第一，有一个人人赞同的共同理想。

第二，在解决人事工作问题时，摒弃旧的思维方式和常规程序。

第三，成员能够作为系统的一部分，对企业的所有过程、活动、功能与环境的相互作用进行思考。

第四，人们之间可以坦率地相互沟通（越过纵向和横向界线），不必担心受到批评或惩罚；人们放弃了个人利益和部门利益，为实现企业的共同理想一起努力工作。

3. 实施系统化的人力资源管理

人力资源管理可以作为人力资源开发过程的一部分，人力资源管理系统包括人力规划、人员招聘、人员配置、人员培训、人员考评、人员报酬等管理活动。通过人力资源管理活动，可以把人力资源开发的思想、原则与目的渗透到具体的管理活动中。然而，许多企业并没有将这几项活动有机地结合起来，这些企业的管理者大多认为人力资源管理活动是从过去的实践、近期的实践中演

[1] 参见彼得·圣吉的《第五项修炼——学习型组织的艺术与实务》。

变过来的，即经验化的人力资源管理。这样做的结果有以下两个弊端。

第一，许多人力资源和政策的表现行为往往存在冲突，不能很好地相互配合。

第二，虽然一些好的人力资源管理政策或实践对企业具有一定的价值，但是由于这些人力资源管理政策或实践之间缺乏联系，一旦相互独立的人力资源管理政策或任何一个实践被竞争对手识别，就很容易被竞争对手模仿。[1]

面对以上弊端，系统化的人力资源管理可以很好地避免这些问题。系统化的人力资源管理是指在遵循企业竞争战略逻辑的基础上，在相关人力资源开发战略和人力资源管理政策的指导下开展的系统化的人力资源管理活动。[2]由于人力资源管理系统中各个子系统之间相互耦合、相互影响、相互依赖、相互作用，形成了复杂的非线性关系，系统化的人力资源管理便成为难以被竞争者模仿的人力资源开发模式。

综上所述，企业实施系统化的人力资源管理，不仅可以使人力资源和政策实现很好地配合，而且可以避免竞争对手的模仿，从而有效提升自身的工作效率和市场竞争力。

4. 进行立体多维的职业开发

职业开发是指通过职业活动本身培养与提高员工人力资源的开发形式。[3]本书之所以将职业开发与人力资源开发战略联系起来，有两个方面的原因：一是职业开发的方式灵活多变，包括工作设计、工作专业化、工作轮换、工作扩大化和工作丰富化等形式，能够全方位地提高员工的积极性、培养员工的能力，以取得满意的开发效果。二是企业的工作设计、工作专业化等工作并不为外来竞争者所见，因为任何一种职业开发方式都是与具体的工作岗位和相应的员工相联系的；因此即使这些工作可以被竞争对手识别，竞争对手也未必能取得一样的效果。由此可见，职业开发方式是有助于企业可持续发展的重要手段之一。

---

[1] 高艳，赵守国：《企业人力资源管理的战略选择》，中国软科学，2001（06）：48-52。

[2] 苏方国，赵曙明：《系统化人力资源实践与企业竞争优势》，外国经济与管理，2003（2）：7-11。

[3] 萧鸣政：《人力资源开发学》，北京：高等教育出版社，2002。

第二节　人力资源开发之人员配置

一、人员配置的含义和价值

（一）人员配置的含义

人员配置是指人与事的配置关系，目的是通过人与事的配合以及人与人的协调，充分开发利用人力资源，以实现组织目标。人员配置既是人力资源管理的起点，又是人力资源管理的终点，其最终目的就是要达到个人与岗位的有效匹配（能岗匹配），提升组织的整体效能。人员配置的效益直接影响了企业其他资源的合理利用和整体配置效益，是决定企业能否持续、稳定、快速发展的关键性因素。

（二）人员配置的价值

1. 正确配置人员是人力资源管理的核心环节

如果不能选择合适的员工担任合适的工作，不论其他管理方法如何得当，都会失去部分应有的效果。就人员配置不当而言，无论是大材小用还是小材大用，都是对人员莫大的浪费，还会给其他管理环节（如培训、考核、奖惩等）带来很大的困扰。

2. 正确配置人员是人力资源管理的根本目的

人力资源管理的目的在于科学管理企业中的劳动力，让员工充分发挥其能力，使人力资本投资得到最大化的回报。其中，员工工作绩效的优劣是判断人力资源管理成功与否的标志。员工只有在各自的岗位上行使职责，才能取得相应的绩效，而员工与岗位的结合状况是其能否获得优良绩效的关键。

3. 正确配置人员是实现组织目标的根本保证

企业的所有目标都必须依靠人来实现，只有合理用人、人尽其才，企业内部才能形成良好的风气，才能拥有较强的凝聚力，才会生机勃勃。对于企业而言，只有让有才干的员工各得其所、尽其所能，才能更快、更好地实现企业的战略目标。

二、人员配置的原则和流程

（一）人员配置的原则

在企业人力资源管理活动中，人员配置占据很大一部分比重，其管理有很大的弹性。本书结合相关案例，总结归纳出了科学化的人员配置原则，具体内容如下。

1. 效益优先原则

人力资源管理的最终目的是提高组织效益，人员配置也不例外。在现代社会激烈的竞争条件下，人员配置所需要耗费的资源较多，必须研究出如何科学地配置人员，使企业的人力资源达到最优。因此，企业在进行人员配置时，要坚持效益优先原则，考虑招聘什么样的人才、培训什么样的技能才能使企业更快发展，考虑如何配置人员才能提升企业的整体效益。

2. 用其所长原则

在一个具体的组织中，人是最重要的因素，任何一个人都有其特定的价值。这也是企业在人员配置阶段必须要意识到的一点。以人力资源主管为例，在用人问题上，人力资源主管一定要做到以人为本、用其所长，在充分了解员工特点和特长的前提下，将员工安排到合理的岗位上，尽可能地为员工的发展创造条件；在人与事的配置上，人力资源主管既要考虑到工作的满负荷，又要符合人的心理和生理要求。

3. 能位相宜原则

能位相宜是指选择人员的能力和素质要与企业中的岗位设置相匹配。一方面，个人的特征要能完全胜任岗位，即人得其职；另一方面，个人要完全具备岗位要求的能力，即职得其人，表现为个人能在岗位上充分发挥能力，能高效完成岗位工作任务。对此，人力资源主管需要充分了解员工的性格、能力等各个方面，从而为其选择最合适的岗位。只有这样，才能最大限度地发挥员工的特长，做到各尽所能、人尽其才，进而提高企业的整体效能。

4. 互补增值原则

在安排人员岗位时，人力资源主管必须合理构造一个和谐的企业，即组建一个好团队。在企业中，协调好企业内部人员的行为，关键在于使人员在企业中取得以己之长、补人之短的效果，从而达到资源的高效配置。

5. 动态平衡原则

动态平衡是指随着事物的变化发展，不适应会变为适应，适应又会变为不适应，只有不断调整人与事的关系才能使其相互适应。从企业内部来看，员工与工作岗位的适应也不是绝对的，无论是岗位对员工的能力要求有所提高而要求员工变动岗位，还是员工的能力有所提高而要求变动岗位，都要求人力资源主管及时了解员工与岗位的适应程度，从而进行调整，引导人员合理流动，以达到人适其位、位得其人的目的。

（二）人员配置的流程

在企业完成招聘任务后，安排员工岗位便成为重中之重。人力资源主管除了要依照人员配置的原则和企业规则在具体的岗位上安排员工之外，还应遵循一定的程序和步骤，以确保整个人员配置的过程科学高效。人员配置的流程如图4-1所示。

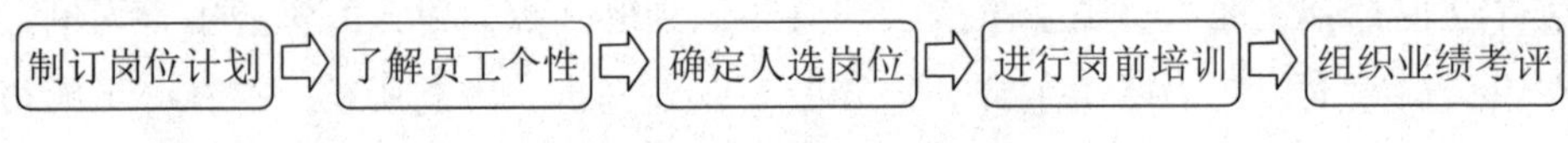

图 4-1　人员配置的流程

第一，制订岗位计划。人力资源管理的每一项活动都要有合理的计划，这是使整个人员配置过程科学有效的前提。另外，经营战略是企业的立身之本，企业文化是企业的灵魂，制订岗位计划时必须在考虑这两点的前提下，确定企业人员配置的方向。

第二，了解员工个性。在人员配置前，人力资源主管要对员工的个性特点与特长进行有针对性的沟通。这是任何企业合理用人的必经之路，也是合理进行人力资源配置的重中之重。

第三，确定人选岗位。在以上过程完成以后，人力资源主管要本着能位相宜、任人唯贤的原则安排员工到合适的岗位工作。

第四，进行岗前培训。这是人员在上岗之前所必须要接受的一个程序，只有对所在岗位有一定的了解，才不至于在开展工作时手忙脚乱。

第五，企业业绩考评。对员工的业绩进行考评，并据此决定员工的续聘、调动、升迁、降职或辞退。

三、人员配置的模型和方法

（一）人员配置模型

人员招聘工作的目标是如何成功地选拔并录用企业所需要的人才，实现所招人员与待聘岗位的有效匹配。从实际情况来看，目前主要有以下三种人员配置模型，如图4-2所示。

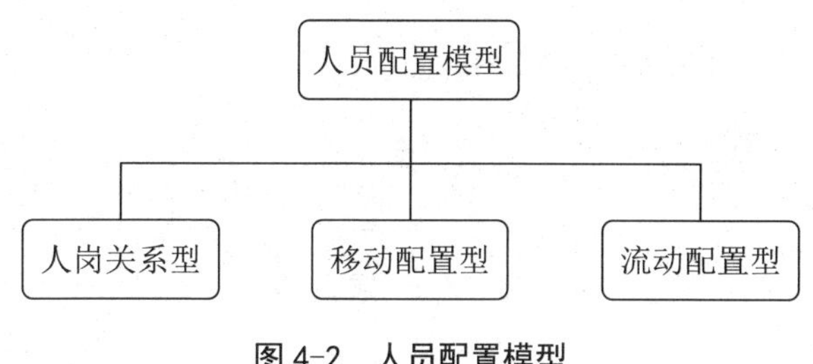

图 4-2　人员配置模型

1. 人岗关系型

人岗关系型配置主要是通过人力资源管理过程中的各个环节来保证企业内部各部门中各岗位的人力资源质量，是根据员工与岗位的对应关系进行配置的一种模式。就企业内部而言，这种模式中的员工配置方式有招聘、轮换、试用、竞争上岗、末位淘汰、双向选择等。

2. 移动配置型

移动配置型是一种从员工相对岗位移动进行配置的模式，它通过人员相对上、下、左、右位的移动来保证企业内每个岗位的人力资源质量。这种配置的具体表现形式大致分为三种，晋升、降职和调动。随着企业内外环境的变化，岗位的任职资格势必也会迎来新的要求。随着时间的推移，在该岗位上工作的人可能不再适合这个工作岗位的要求，或者其能力已远远超出该岗位的要求。

因此，人力资源主管必须重新进行工作分析与人才测评，对岗位责任、岗位要求以及现有人员的知识、技能、能力等进行重新定位。

3. 流动配置型

流动配置型是一种通过人员相对企业的内外流动来保证企业内每个部门中每个岗位人力资源的质量的模式。这种模式进行人员配置的具体形式分为三种，分别是安置、调整和辞退。

（二）人员配置方法

人员配置的方法主要有三种，即以岗位为标准进行人员配置、以能力为标准进行人员配置、以团队为标准进行人员配置，如图4-3所示。

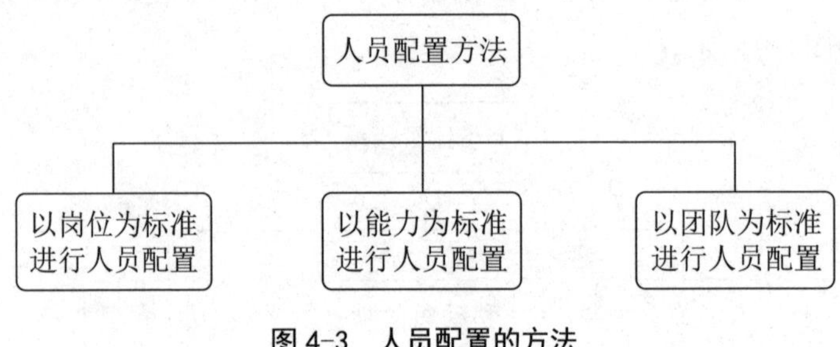

图 4-3 人员配置的方法

1. 以岗位为标准进行人员配置

岗位是按规定担任的某种工作或为实现某一目的而进行组织分工的基本单元。每个岗位都应有具体的职责任务、工作标准和相应的任职条件。以岗位为标准进行人员配置是指在完成岗位设置的基础上，从岗位的角度出发，按照每个岗位的要求择优挑选并聘用最合适的员工完成这项工作，并按照岗位职责和聘用合同进行管理。

以岗位为标准进行人员配置时需要按照工作流程层层分解明确的任务目标，并用一定形式的岗位进行落实。这种配置方法的好处是岗位的工作目标和职责简单明了，易于操作，到岗者经过简单培训即可开始工作；便于人力资源管理者实施监督和管理，在一定时期内可以实现很高的工作效率。这种配置方法的缺点是只考虑到了任务的要求而忽视了在岗者的个人特点，导致员工成为岗位的附庸。

2. 以能力为标准进行人员配置

以能力为标准进行人员配置时要从人的能力特长出发，按照人员综合测试中得分最高的一项给其安排恰当的岗位，做到人岗适宜，人尽其才。随着现代科技的发展，岗位的任务和种类也越来越多，职责也越来越宽泛，对员工工作能力的要求也更加全面。这就要求员工不仅要有专业特长，而且要做到一专多能。只有成为复合型员工，才能不拘泥于某个岗位设定的职责范围，才能最大限度地发挥个人特长。

以能力为标准进行人员配置的优点是各岗位之间的职责越来越宽泛；其缺点是会因为员工的灵活性增强而导致工作成果的不确定性上升，而且由于对员工能力的要求过高，人力成本和培训费用也会相应增加。

3. 以团队为标准进行人员配置

以团队为标准进行人员配置是一种更加市场化、客户化的人员配置方式，它以为客户提供总体解决方案为中心，把企业内部各个相关的岗位组合起来，形成团队进行工作。以团队为标准进行人员配置的优点是能迅速回应客户，在满足客户的要求的同时，又能克服企业内部各部门、各岗位自我封闭、各自为政的弊端。对于员工而言，在一个由各种技能、各个层次的人组合起来的团队中工作，不仅可以利用集体的力量轻松完成任务，而且可以相互学到很多新的东西，保持良好的精神状态。显然，这是一种比较理想的人员配置形式。但是，以团队为标准进行人员配置也存在一定的缺点。例如，这种形式对企业内部管理和协调能力要求很高；目前它的应用还不够普及，更多的是在那些“项目型”公司中应用，如软件设计、系统集成、咨询服务、中介服务、项目设计、工程施工等。

以上是对从不同需要的角度进行人员配置的介绍。单纯以能力、岗位和团队为标准进行人员配置的方法均有欠缺，因此可采用双向选择的方法进行人员配置，即在岗位和应聘者二者之间进行调整，以满足各个岗位人员配置的要求；既能满足员工的个人需求和期待，又能从整体上满足岗位人员配置的要求。但是，采用双向选择的人员配置方法，对于岗位而言，有可能会出现员工不能被安排在其得分最高的岗位上的问题。综上所述，在进行人员配置时，一定要注意需求与岗位、能力与效率、员工与企业之间的关系，做到人岗适宜，相互促进。

第三节　人力资源开发之自我开发

人力资源的能动性决定了人力资源开发的主体是被开发者自身，外在主体的开发必须通过内在主体的开发才能发挥效用。由此可见，自我开发是建构人力资源开发系统的出发点与目标点，是被开发者向开发目标努力的过程，也是被开发者自我学习与自我发展的过程。本节将主要介绍人力资源开发中自我开发的方式，包括自我学习和自我申报。

一、自我学习

学习是指学习者为了实现自我发展或自我变化的需要主动地获取信息、改变行为、适应环境与开发目标的活动。人们总是通过学习各种经验以达到适应环境的目的，通过观察模仿与思考，改变自我，通过对知识与技能的学习，使个人获得成长。如果一个人不能进行自我学习，那他就难以在社会中生存，难以适应现代社会与环境的飞速变化。在本书中，自我学习是指学习新知识、新技术、新技能、新思想和新行为。自我学习的形式有操作学习、积累学习、发现学习、观察学习、联想学习、结构学习、范例学习、试探学习等。

二、自我申报

部分学者认为，自我申报是员工对自己的工作内容、工作适应性进行的分析和自我评价，同时提出轮岗与能力开发愿望与计划的过程。自我申报在最初作为一种收集员工人事信息的方法，一种辅助性的人事考核制度，在企业中得到了应用。近年来，随着人们对职业发展管理的重视，自我申报也逐渐与职业发展管理结合在一起配套使用，成为员工进行人力资源开发的方法之一。

如今，自我申报表的格式及其提交方式都较为成熟和系统。申报表中的项目不仅包括对性格、资格、技术、特长、技能、业务能力、适应性等方面的自我分析与评价，还包括自己现在或将来将要承担的业务、想要参加的培训、家庭状况及对公司的意见等。自我申报的主要作用是为员工创造能够最大限度发挥其现有能力的环境和氛围。根据行为学的理论，个体只有在做自己感兴趣的事情时，主观能动性才会最大化；当工作适合个体的个性素质时，才有可能充分地发挥出其具有的能力；员工只有意识到自身对工作的自主性，才会形成企业的主人翁意识，进而积极维护企业的声誉和利益。

第四节　人力资源开发之职业开发

就企业内部的活动来看，职业开发形式主要包括工作设计、工作专业化、工作轮换化、工作扩大化和工作丰富化等。本节将主要对这五种形式展开研究，如图4-4所示。

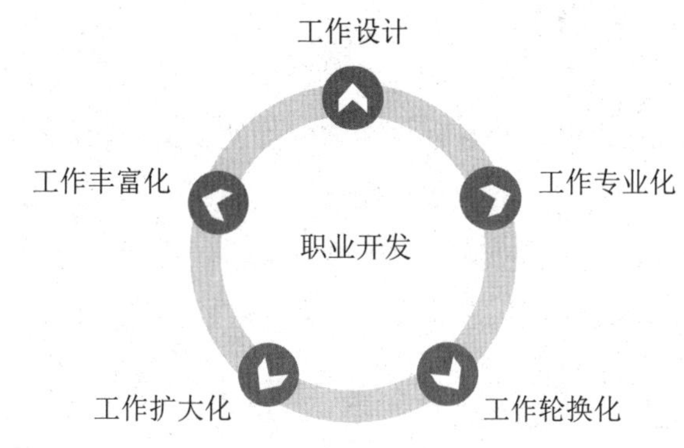

图 4-4　职业开发形式

一、工作设计

按照人力资源管理学的理论，工作设计主要是指根据企业目标要求与员工需要，规划或界定工作特点、工作方式、工作关系以及工作职能的过程。工作再设计是指根据企业目标要求与员工需求，从一方面或多方面对现有工作岗位中的特点、任务、方法、关系以及职能进行改变的过程。

不同类型的工作设计对员工开发起到的效果也不同。根据国际的划分方式，企业人力资源管理中工作设计的方法包括激励型工作设计、机械型工作设计、生物型工作设计、直觉型工作设计。[1]根据我国的实际情况，结合相关学者的研究成果，本书将企业人力资源管理中工作设计的方法整理归纳为以下四个方面。

（一）拔高型工作设计及其作用

拔高型工作设计的理论依据是美国管理理论家弗雷德里克·赫茨伯格（Frederick Herzberg）的双因素激励理论。双因素激励理论认为，企业中影响员工积极性的因素主要分为两大类，一是激励因素，二是保健因素。激励因素涉及对工作积极的感情，与工作内容有关，其主要作用是使员工产生积极、乐观的情绪。保健因素涉及工作消极的感情，与工作的氛围和环境有关，其主要作用是抵消员工产生的消极情绪。无论是激励因素还是保健因素，都与工作本身的特点与内容有直接联系。

拔高型工作设计就是依据双因素激励理论，通过为员工分配稍高于员工能力的工作岗位，利用激励因素和保健因素，促使员工主动发展。这种工作设计的优势在于，员工会有更大的发展空间，不仅能够提升自己的知识水平与技能水平，而且工作会变得不再单调；其局限性在于，可能会给一部分员工带来压力，损伤员工的身心健康。

（二）优化型工作设计及其作用

优化型工作设计的理论依据是古典工业工程学与泰勒的科学管理理论。古典工业工程学是将人、设备、物料、信息和环境等生产系统要素进行优化配置，对工业等生产过程进行系统的规划与设计、评价与创新，从而提高工业生产率和社会经济效益专门化的综合技术。泰勒的科学管理理论认为，而最高的工作效率是雇主和雇员达到共同富裕的基础，达到最高的工作效率的重要手段是用科学化的、标准化的管理方法代替经验管理。

优化型工作设计是通过某些分析方法或手段，找到完成某项工作的最好方式，以使工作效率最大化、工作方式最简化。这样一来，员工只要经过简单、快速的培训就能够胜任工作。这种工作设计的优势在于可以节省大量培训成

[1] ［美］雷蒙德·A. 诺伊，约翰·R. 霍伦贝克，巴里·哈格特，等：《人力资源管理（第五版）》，刘昕，译. 北京：中国人民大学出版社，2006：105-109。

本，员工上岗后可以较快地熟悉岗位的职责和任务；其局限性在于，前期在寻找完成某项工作的最好方式时会花费大量时间和金钱，对于小型、民营类企业来说难以负担。

（三）卫生型工作设计及其作用

卫生型工作设计的理论依据是人类工程学。人类工程学根据人机系统的目的、要素、功能等，考虑人的生理、心理因素，考虑外部环境对人与机器的影响，将系统应具有的功能适当地分配为人和机器两个部分，从而使人的操作更简便、省力、准确，使人的工作环境舒适、安全，使人机系统的工作效率更高。

卫生型工作设计以员工的生理与心理活动特征为中心，对岗位周边物理环境、工作条件进行布局性安排与改善，从而将员工的身心紧张度降到最低，将工作对人体身心的负面影响降到最低点。这种工作设计有助于员工健康素质的提高，但同时也可能会降低员工身体对工作环境的适应能力。

（四）心理型工作设计及其作用

心理型工作设计的理论依据是人本主义理论。人本主义理论认为，应当把人作为一个整体来研究，应该关注人的心理活动，如热情、信念、生命、尊严等内容；应当注重启发学习者的经验和创造潜能，引导其结合认知和经验，肯定自我，进而自我实现。在人力资源管理领域中，心理型工作设计是指要让工作适应人而不是让人适应工作，要以人为中心而不是以工作为中心。

心理型工作设计通过降低工作对信息加工的要求来改善工作的可靠性、安全性以及使用者的反应性。它以人类心理能力及心理的最低限值为依据，对相关职位（岗位）工作的内容及方式进行设计，使能力最差的员工也能胜任工作。这种工作设计的优势在于可以将员工从工作中解放出来，有利于员工个性爱好与兴趣的发展；其局限性在于不利于提高员工的工作能力，限制了员工个体对相关岗位技能的进一步探索与对自身极限的突破，只适用于有较低技能要求的工作岗位。

二、工作专业化

随着社会化大生产的出现，工作分析的复杂性日益增加，工作量也日益增多，个体往往很难单独完成整个流程的工作。因此，有必要对这类整体化的工作进行分解，让每个个体从事很小的一部分工作，使工作操作更加专门化、标准化。这是促进工作专业化产生的客观要求。经过前人的实践，如今的工作专业化根据目的和任务，通过动作时间的研究，把工作高度分化为一些细小的、单一的、标准化的操作单元。工作专业化程度越高，所涵盖的工作任务范围就越小，重复性就越强。

工作专业化的优势在于可以最大限度地提高员工的工作效率；可以大大降低劳动力成本，有利于员工在不同岗位间的轮换；有利于实现对员工操作、对产品质量和数量的监管和控制，保证生产的稳定。工作专业化的缺点在于可能会导致员工的片面化发展；可能会使员工产生厌烦、不满、抵抗的情绪，从而缺勤、离职。

三、工作轮换化

工作轮换是一种短期的工作调动，是指在企业内部几种不同职能领域中为员工做出一系列的工作任务安排，或者在某个单一的职能领域或部门中为员工提供在各种不同工作岗位之间流动的机会。这种轮换可以依据具体情况和要求来进行，如当目前的工作对员工不再具有挑战性时，可以让其轮换至另一个工作岗位，也可以使员工一直处于轮换的状态中。[1]

工作轮换的目的在于让员工的工作内容多样化，缓解员工的厌倦情绪。但是，如果所有的工作岗位都是相似的、机械化的，那工作轮换就无法发挥作用；如果轮换的工作岗位之间差距过大，员工每轮换一次都需要从头学起，就会导致员工的工作效率、工作效果降低。由此可见，工作轮换必须适度，既不能太相似，又不能跨度太大，最好在同类范围内进行。

工作轮换的优势在于有利于丰富员工的工作内容，减少工作的枯燥感，提高员工的积极性；有助于扩大员工掌握技能的范围，使员工进行螺旋式的逐步开发，最终达到全面开发的目的；有利于降低员工的离职率。工作轮换的缺点在于员工每次轮换到新的职位，都需要花费时间熟悉工作，在此期间内生产力水平必然会有所下降；由于需要给员工提供各种培训使他们掌握多种技能，适

[1] 方振邦：《公共部门人力资源管理》，北京：中国人民大学，2014。

应不同的工作，企业需要支付较高的培训费用；增加了管理人员的工作量和工作难度。

四、工作扩大化

工作扩大化是指工作范围的扩大或工作多样性的增强，即增加了员工的工作种类和工作强度。例如，原来只负责送货与取款的销售人员，现在需要参与谈判与签订合同。工作扩大化的途径主要包括两个，即纵向工作装载和横向工作装载。装载是指将某种任务和要求纳入工作职位的结构中；纵向工作装载的工作扩大化是指增加需要更多责任、更多权利、更多裁量权或更多自主权的任务或职责；横向工作装载的工作扩大化是指增加属于同阶层责任的工作内容，以及增加包含在工作职位中的权力。

工作扩大化的优势在于可以降低企业人力成本，提高企业效率和效益；能有效克服专业化过强，工作多样性不足。工作扩大化的缺点在于在激发员工的积极性和培养员工挑战意识方面没有太大意义。需要注意的是，在进行工作扩大化的同时，要注意扩大后职责任务与原有岗位的关联性以及扩大后的工作量与任职能力的适应性。如果把一些不尽相关或机械重复的职责任务增加到原有的岗位上，会增加员工心理上的抵触感，增加员工的工作量，无法达到人力资源开发的目的。

五、工作丰富化

如果工作扩大化是增加工作的广度，那么工作丰富化就是增加工作的深度。工作丰富化是指工作内容和责任层次上的改变，可以让员工更加完整、更加有责任心地进行工作，使员工得到来自工作本身的激励和成就感。[1]

工作丰富化的优势在于有利于提高对员工的激励水平和员工对工作的满意程度；有利于提高员工的生产效率和产品质量；有利于降低员工离职率和缺勤率。工作丰富化的缺点在于培训费用会有所增加；企业在工资、奖金等方面的支出会有所增加；用于完善或扩充工作设施的支出会有所增加。

[1] 张昊民，李燚，林英晖：《组织行为学（第二版）》，北京：高等教育出版社，2015。

第五节 人力资源开发之管理开发

通过管理开发进行人力资源管理开发活动是一种非常重要而且很有效的方式与途径。人力资源管理本身就可以成为一个开发过程，其中包括人力资源规划、人员招聘、人员配置、人员培训、人员激励、人员考评、人员报酬、人员关系协调、人员流动等。

一、人力资源规划

人力资源规划是人力资源管理战略与人力资源开发战略的具体体现，是人力资源开发跟踪与管理跟踪的起点与目标，是人力资源开发的设想与计划。人力资源规划在人力资源开发与管理中的作用具体表现为前瞻性、预测性与预防性。它通过组织人力资源开发战略、目标、步骤、时间、措施的制订来实现对整个人力资源管理过程的价值导向。有学者认为，人力资源规划对企业的发展具有中长期的指导意义。因此，要以组织的总体发展战略为指导，以人力资源开发为导向，对人力资源开发进行需求评估，在开发需求评估的基础上拟订人力资源开发计划。只有这样才能实现人力资源规划对人力资源轮岗跟踪者的正确引导，才能保证人力资源在管理期内的保值与增值。

二、人员的招聘与选拔

人员的招聘与选拔是针对组织工作的需要，从组织内外招募、甄选与聘用所需要的人员的活动，是一种识别人才、发现人才、举荐人才的过程。人员招聘与选拔既是人力资源管理过程中的一个环节，又是一种人力资源开发活动。人员的招聘与选拔过程如图4-5所示。

三、人员配置

如前文所述，经过人员招聘与选拔以后，需要针对不同人员的特点，将人员分配到适合的岗位上，这就是人员配置。人员配置是把所聘人员与所聘职位相对应安排的活动，是对人员直接作用的活动，是人力资源开发过程中最为关

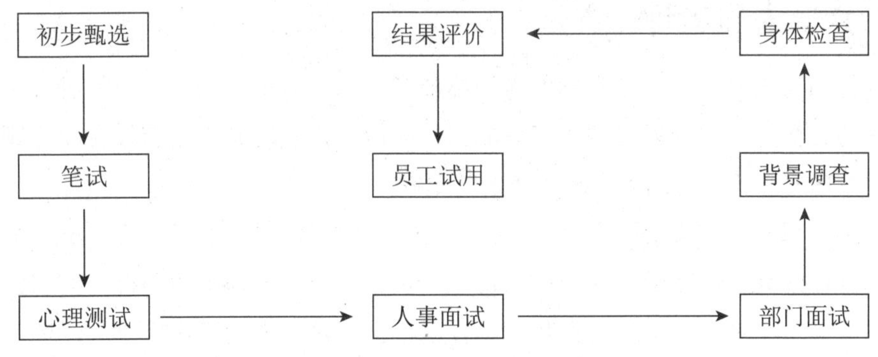

图 4-5　人员招聘与选拔过程

键的一个环节。只有通过人员配置，人力资源才能与工作岗位实现真正意义上的结合，人力资源的前期开发与后续开发才会变得更有意义。

四、人员培训

所有员工在到达新岗位之前，都需要接受一定的培训，因为此时人员与职位并非100%的匹配，需要通过一定的培训来培养两者之间的相互适应性，这就是人员培训环节。

按内容来划分，人员培训可以分为两类，即人员技能培训和人员素质培训。人员技能培训是指企业针对岗位的需求，对员工进行的岗位能力培训；人员素质培训是指企业对员工心理素质、个人工作态度、工作习惯等素质方面进行的培训。

人员培训可以直接提高企业管理者能力水平和员工技能，是为企业提供新的工作思路、知识、信息、技能，增长员工才干和敬业、创新基本的良好途径和方式，是人力资源开发过程中极为重要的环节，是比物质资本投资更重要的人力资本投资。

五、人员激励

人员激励是指通过特定的方法与管理体系，将员工对企业以及工作的承诺最大化的过程。它是把相关思想与需要变为行为能力的过程，是维持与保持职位跟踪所需要的思想过程。从某种程度来说，人员激励是对员工能力的开发，是一种行为开发。

六、人员考评

人员考评是通过运用科学的考核标准和方法，对员工的工作绩效进行定期考核与评估，从而全面了解员工完成工作的情况，发现其不足和存在的问题，以便管理层进行相应的人员激励和人员配置。

人员考评不是目的，而是手段，人员考评概念的外延和内涵会随着企业经营管理的需要而改变。从内涵上说，人员考评是对人与事的评价，应该包括两层含义：一是对人及其工作状况进行评价；二是对人的工作结果进行评价。从外延上看，人员考评是有目的、有组织地对员工进行观察、记录、分析和评价，其又包括三层含义：一是从企业经营目标出发进行评价，并使评价以及评价之后的人力资源待遇管理有助于企业经营目标的实现；二是作为人力资源管理系统的组成部分，运用一套系统对一贯的制度性规范、程序和方法进行评价；三是对员工在日常工作中所显示出来的工作能力、工作态度和工作成绩进行以事实为依据的评价。总而言之，人员考评对员工的行为具有导向性、激励性与鞭策性，是一种开发手段。

七、人员报酬

人员报酬是企业依据人员考评结果与员工的实际价值和贡献，对员工进行的薪金待遇分配活动。人员报酬包括奖励与惩处两种方式，是对员工行为的总体强化或消退。当员工所表现的行为及其结果使员工得到了较高的劳动报酬时，员工的相应行为就会得到进一步强化与发展；否则就会消退，出现员工调动或流动现象。总而言之，人员报酬对员工的行为具有激励或调整作用，是一种开发手段。[1]

八、项目管理

项目管理是指通过一定的项目与任务把具有不同人力资源特点的人员组合在一起进行生产经营活动的一种管理形式。对于项目管理在人力资源管理领域的应用，国外最早见于全面质量管理小组的活动，国内最早见于20世纪60年代

[1] 徐峰：《企业人力资源开发与管理》，企业经济，2007（11）：58-60。

的“两参一改三结合”❶。

总而言之，项目管理对于员工的团队合作、创新精神与创新能力等方面都具有重要而不可替代的作用；对解放员工的个性与调动员工工作积极性和自我开发的热情具有重要的意义；对于焕发广大员工的创新意识与热情，培养与开发员工的创造能力方面具有重要的作用。

第六节　人力资源开发之组织开发

组织开发在这里不是指对组织本身的开发，而是指通过组织对组织的成员进行开发。具体来说，组织开发是通过创设或控制一定的因素、行为来进行组织内人力资源管理的活动。例如，通过企业文化改变员工的态度、价值观以及信念，使其适应企业的各种变化。

在组织开发中，对员工开发起到重要作用的因素包括组织性质、组织体制、组织结构、组织文化、组织领导、组织动机和组织发展阶段。本节将以上因素整理为五个方面展开研究，具体如图4-6所示。

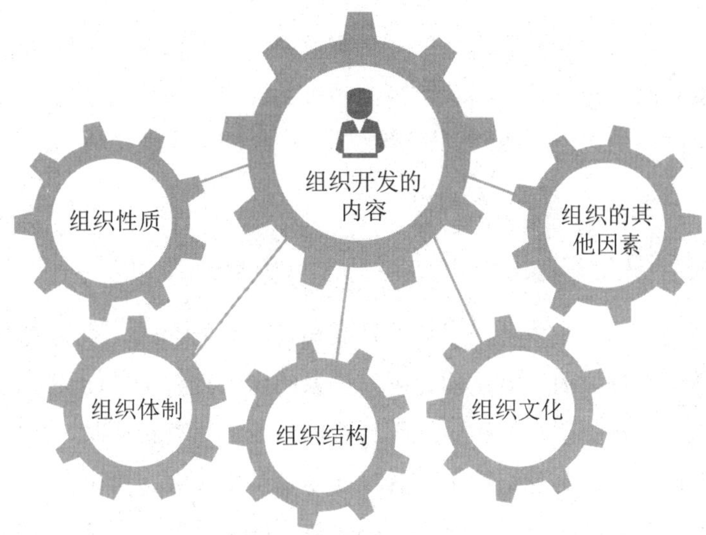

图 4-6　组织开发的内容

❶ “两参”即干部参加生产劳动，工人参加企业管理；“一改”即改革企业中不合理的规章制度；“三结合”即在技术改革中实行企业领导干部、技术人员、工人三结合的原则。

一、组织性质

组织性质是指组织的所有制形式。一般来说，不同的组织性质会形成不同的组织风格与领导风格，对员工也会产生不同的行为导向与影响，从而产生不同的人力资源开发效果。例如，当一个员工从国有企业离开转而进入私有企业或外资企业工作时，心态会有所变化。在公有制企业中，员工的民主意识与主人翁意识会得到较好的开发与培养；而在私有企业与外资企业中，员工的民主意识与主人翁意识相对较弱。

二、组织体制

组织体制是指组织中各层次、各部门之间组织管理关系制度化的表现形式，有委员会制、等级制、职能制、集权制与分权制、股份制、股权制与联合协作制等形式，每个企业都可以采取适合企业本身特点的组织体制。衡量一个企业的体制是否科学合理，主要看它是否有利于提高工作效率、经济效益以及社会效益，是否符合本企业的实际情况。

不同的组织体制对员工的行为导向与影响是不同的，会产生不同的人力资源开发效果。例如，员工的参与意识、民主意识、创新意识在等级制与集权制的企业中被开发的程度要低一些，在委员会制、职能制、分权制的企业中被开发的程度要高一些；员工的合作精神、相互意识在集权制、股份制的企业中被开发的程度高一些，在职能制、等级制、分权制的企业中被开发的程度要低一些。

三、组织结构

组织结构是指组织内各构成要素及其相互关系的形式。一般来说，这种关系形式包括存在目的的职能结构、纵向关系的层次结构、横向关系的部门结构以及职务岗位之间的职权结构。组织结构的传统形式有直线制、职能制、直线职能制、事业部制、矩阵结构制、多维立体制及委员会（董事会）制等，近年来又出现了具有扁平化、柔性化、网络化特征的项目制、团队制、自由结合制等多种形式。不同的组织结构具有不同的管理特点和不同的管理效应，会产生不同的人力资源开发效果。例如，直线制组织结构的优点是结构比较简单，责任分明，命令统一；缺点是行政负责人要了解多种知识，精通多种技能，亲自处理各种业务。

四、组织文化

组织文化是指组织在长期管理与开发中逐步形成的为大多数人所认同的基本信念、价值标准、行为规范、行为习惯与精神风貌等。组织文化一般包括四个层面，即物质层面、行为层面、制度层面和精神层面。这四个层面对应着四种文化，即表层的物质文化、浅层的行为文化、中层的制度文化和深层的精神文化。表层的物质文化包括企业形象、产品形象、企业建筑风格、企业商标等，会对员工的行为产生视觉上的影响；浅层的行为文化包括宣传教育活动、文娱体育活动及伙伴间的行为习惯等，会直接引导和影响员工的行为；中层的制度文化包括岗位责任制、领导负责制等，有助于培养员工对企业的责任心；深层的精神文化包括企业经营理念、企业战略、价值标准、管理传统、道德风气等，会给员工带来深远影响。

员工正是在组织文化的牵引与约束下，才能做到调节个人与组织、个人与团队、个人与个人之间的思想行为，认可组织的战略目标与要求，并将自身的职业生活与组织的战略目标和要求结合起来，最终积极主动地进行自我开发的。

五、组织的其他因素

除了上述组织的性质、体制、结构与文化外，组织发展的动机与发展阶段也对人力资源开发具有重要的影响。组织发展的动机大致可以分为三点，即自我发展与自我个性实现、保住优秀人才以及追求经济效益。当企业追求自我发展与自我个性实现时，有利于培养与开发员工的自主意识、个性意识与开拓意识；当企业追求保住优秀人才时，有利于开发与提高员工的专业能力；当企业追求经济效益时，有利于培养与开发员工的经济意识和竞争意识。

第五章　人力资源管理之薪酬管理

薪酬管理在人力资源管理体系中具有至关重要的作用。有效的薪酬管理能够通过建设企业的薪酬体系，实现企业薪酬的合法性、相对公平性、合理性和有效性，既能满足员工的个人利益，又能完成组织的目标并满足组织的利益，从而实现个人与企业双赢的格局。鉴于薪酬管理的重要性，本章将主要分析薪酬管理的内涵、原则和环境保证，在研究薪酬管理的激励理论后，对如何制订薪酬策略提出建议，为第六章薪酬模式与方案的设计提供思路。

第一节　薪酬管理的内涵

薪酬是企业对人力资源劳动成果的回报，也是企业对人力资源的投资。薪酬会给员工带来短期或长期的激励，也会给企业带来长期的效益。薪酬管理是企业为了实现发展战略的目标，以人力资源战略规划为指导，通过岗位价值分析和薪酬市场调研分析，对薪酬战略、薪酬策略、薪酬模式、薪酬结构、薪酬水平等进行分析、设计、确立、实施和调整的环状进步过程，以及依据薪酬制度和政策，进行薪酬预算、薪酬控制、薪酬支付、薪酬沟通和薪酬调整的动态管理过程。

一、薪酬管理与企业文化

现代企业之间的竞争已经不仅仅是技术的竞争、产品的竞争、市场的竞争、人才的竞争，还是企业文化的竞争。越来越多的企业家都认为文化管理是企业管理的最高境界。企业发展战略的实现需要企业文化的支持，员工核心价值观也会受到企业文化的影响。总而言之，企业文化具有导向性、约束性、激励性和广泛适用性的特点，能够激发员工的工作热情，统一员工的思想，让企业的所有员工都朝着共同的目标努力。

薪酬管理也对员工的行为具有导向作用，对员工的激励具有积极作用；另外，薪酬管理中的薪酬战略和薪酬策略对企业发展战略目标的实现具有促进作用。由此可见，薪酬管理具备与企业文化相似的推动企业战略目标实现的作用。薪酬管理能够服务于企业文化，企业文化也能够作用于薪酬管理，二者之间相互促进、共生共助。

二、薪酬管理与人力资源规划

人力资源规划的目的是实现和满足企业总体发展战略的要求，能够促进企业人力资源管理工作更好地开展，协调人力资源管理各模块的工作，提高企业人力资源的工作效率，使企业目标和员工个人发展目标达成一致。

广义的人力资源规划包括员工的配置计划、补充计划、晋升计划、培训与发展计划、薪酬与激励计划、绩效管理计划、福利计划、职业生涯规划、援助计划等。由此可见，人力资源规划中包含薪酬管理，人力资源规划是否合理决定了薪酬战略、薪酬策略以及薪酬管理能否有效地实施，而薪酬管理的质量又决定了人力资源规划最终能否实现。

三、薪酬管理与招聘管理、培训管理

招聘管理是人力资源管理部门根据企业经营战略的需要，根据各部门、各岗位的人才配置标准和岗位说明书的要求，找到、选拔适合的人才，并把适合的人才放到适合岗位的作业和管理的过程。薪酬管理与员工的招聘管理相互影响。具体而言，薪酬水平影响着员工对企业的选择，较高的薪酬水平往往会吸引更多的求职者，可以提高招聘的成功率，有利于提高求职者的质量，使企业招聘到优秀人才。

培训管理是指企业为开展业务以及培育人才，采取各种方式对员工进行有目的、有计划地培养和训练的管理活动，使员工不断积累知识、提升技能、更新观念、变革思维、转变态度，以更好地胜任本职工作或更高级别的工作，从而促进企业效率的提高和企业战略目标的实现。薪酬管理与培训管理是一种相互包含、相互促进的关系。薪酬管理有助于员工从主观上愿意提高自身技能。培训本身也是薪酬中非经济性薪酬[1]的组成部分，不仅可以作为帮助员工技能提升的方式，还可以作为激励员工的手段。

四、薪酬管理与绩效管理

绩效管理是人力资源管理的核心环节，是推动企业发展的“发动机”。绩效管理的目的是持续提升个人、部门和组织的绩效。有效的薪酬管理能够促进员工绩效的提升，因为有效的薪酬管理具备激励效应，能够增强员工提高自身技能、激发员工的积极性，最终提升企业的基本效率。

薪酬管理与绩效管理组合在一起时就像是一把尺子，薪酬管理是尺子的形态，绩效管理是尺子的刻度。因此，只有有了绩效管理，才能够有效地衡量员工的表现，准确评价员工的业绩贡献。对于员工不同的绩效，应有针对性地给予员工薪酬激励，增强激励的效果。由此可见，薪酬管理和绩效管理需要紧密地联系在一起才能发挥出彼此的作用和价值，二者相互作用，相互促进，相辅相成，缺一不可。

五、薪酬管理与员工关系管理

员工关系是企业与雇佣员工之间关系的统称。员工关系包括三层含义：一是法律层面的，即企业与员工之间因雇佣而产生的权利义务关系；二是制度层面的，即企业与员工之间因共同劳动产生的约束关系；三是情感层面的，即企业与员工之间建立的情感纽带。

狭义的员工关系管理是指通过企业与员工之间、管理者与员工之间、员工与员工之间的良好沟通和交流的过程，提高员工的敬业度和满意度，让员工为

[1] 非经济报酬是指个人对工作本身或对工作在心理与物质环境方面的满足感。这种非经济报酬涉及员工在工作中的心理与物质环境，如工作中的成就感、挑战性、合适的工作环境等。

实现企业目标做出应有的努力。广义的员工关系管理是指企业中各级管理者和人力资源管理者通过各类人力资源管理的方法和手段，实施各项人力资源管理政策和机制，调节企业和员工个体之间的关系，在实现企业战略规划和发展目标的同时，兼顾员工个人价值的平衡。

在实际生活中，薪酬问题是员工关系中出现频率最高的问题。企业的薪酬管理水平直接影响着员工关系管理的质量。完善的薪酬管理制度能够促进员工与企业之间的关系良性发展，让员工感受到来自企业的温暖，给员工关系带来正面效应；不完善的薪酬管理制度会损害员工与企业之间的关系，可能会造成员工对企业的满意度降低、员工流失率增加、员工工作积极性不高、员工与企业之间劳动争议增加等问题，给员工关系带来负面影响。

第二节　薪酬管理的原则

薪酬管理的原则包括公平性原则、竞争性原则、激励性原则、经济性原则和战略性原则五大类，如图5-1所示。在进行薪酬设计、制订薪酬政策、实施薪酬管理时，必须要考虑到这五个方面的原则。

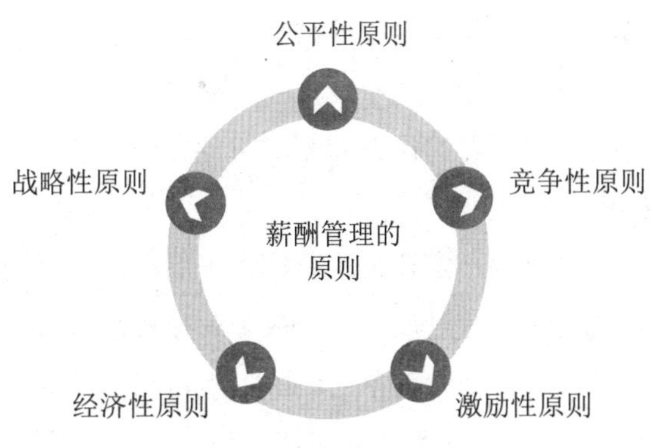

图 5-1　薪酬管理的原则

一、公平性原则

公平性原则是薪酬管理的首要原则，具体是指企业在进行薪酬管理时，首先要考虑员工心理上的公平感、认同感和满意度等方面的感受。

企业要想落实薪酬管理的公平性原则，就需要考虑员工在以下三个层面的感受。

第一，外部的公平性感受。外部的公平性感受是员工对外部其他同类企业的同类岗位进行对比后产生的有关公平性的感受。这种公平感源自员工对外部市场中同类岗位人才获得价值的判断和自身岗位获得价值之间的比较。

第二，内部的公平性感受。内部的公平性感受是员工对公司内部其他同类级别和岗位进行对比后产生的有关公平性的感受。这种公平感来源于员工对个人付出的努力、绩效评定的结果、个人价值的实现与其他同类岗位同事之间的比较。

第三，制度运行的公平性感受。制度运行的公平性感受是员工对公司薪酬制度和政策执行过程中有关公平、公正、公开和严格性的感受。这种公平感来源于员工对公司薪酬管理质量的主观判断。

总而言之，公平性原则是相对的，不是绝对的，因此薪酬管理不可能做到让每个人都满意。公平性原则的含义不是追求绝对意义上的工资水平平均，而是综合考虑岗位价值、个人能力、贡献大小、绩效高低等诸多因素，采取各岗位薪酬“该高的高，该低的低”的相对公平的原则。

二、竞争性原则

竞争性原则是指企业如果想吸引外部人才，就应在外部劳动力市场中采用相对有竞争力的薪酬政策。如果企业设置的薪酬水平在外部劳动力市场中没有竞争力，不仅难以吸引到外部的优秀人才，而且企业内部的优秀人才也可能因为薪酬政策的劣势而选择离开。

竞争性原则不代表企业一定要采取薪酬水平的绝对高值。绝对高值的薪酬水平不具备弹性和灵活性，有时反而会造成企业财务的浪费，未必能取得好的效果。企业应该通过具有竞争力的浮动薪酬，丰富灵活的福利体系，良好的雇主品牌、工作环境、企业文化和管理氛围等，形成良性的竞争优势。

三、激励性原则

激励性原则是指薪酬政策应该能够在一定程度上激发员工的积极性和责任心。激励性原则并不代表一定要采取高薪政策，人才激励靠的是体系和机制，而不是单一的高薪。物质激励是基础，精神激励才是核心，只有在两者结合的基础上，才能实现激励的目的。

有效激励的第一步是满足员工的需求，但员工需求各有不同，而且会随着时空的变化不断变动。因此，要想实施有效的激励政策，管理层必须要了解员工、关心员工，有针对性地实施激励，从而达到最佳的效果。但是，激励性原则也不是一味地肯定和纵容员工的所有行为。激励有正激励和负激励之分，正激励是指企业对员工产生的企业希望看到的行为实施奖励，负激励是指企业对员工产生的企业不希望看到的行为实施惩罚。

四、经济性原则

经济性原则是指企业在进行薪酬管理时，要充分考虑自身的经营情况、财务状况和薪酬承受能力，用有限的资金发挥最大的作用。经济性原则与竞争性原则和激励性原则之间并不矛盾，这三者相互制约，既对立又统一。

具体而言，经济性原则包含三层含义。

第一层含义是实现财务资源在人力资源上的最优配置。经济性原则并不只是强调应该采取低薪酬水平的策略，而是对于可以降低薪酬水平的岗位设置低薪酬，对于薪酬水平需要高的岗位设置高薪酬。

第二层含义是实现人力资源最合理、最优化的配置。人力资源配置的过剩冗余是不经济的，是对企业资源的一种浪费。因此，企业还应该关注人力资源的配置和利用方面。

第三层含义是实现人力费用使用的最优化。人力费用的增长本质是企业对劳动力的投资。一般来说，企业每年人力费用的增长幅度应低于利润额的增长，也应低于劳动生产率的增长速度。也就是说，在企业增加人力费用的同时，人力资源也应该创造相应的价值。

五、战略性原则

战略性原则是指企业在进行薪酬管理时，要站在企业战略发展和目标的高度上，充分考虑企业的战略。除了考虑公平性、竞争性、激励性和经济性之外，薪酬管理还应成为有助于企业战略实现的管理手段。

在实际生活中，企业在设计薪酬政策之前，要明确战略目标和规划，对薪酬管理中的每项因素进行优先级排序，从而确定其对战略实现的重要性。

第三节　薪酬管理的激励理论

通过员工激励让员工持续产生组织希望看到的行为，是薪酬管理的重要目的之一。在薪酬管理的激励理论中，发挥主要作用的有双因素激励理论、期望理论、亚当斯公平理论和综合激励理论。

一、双因素激励理论

双因素激励理论是由赫茨伯格在1959年提出的，他认为组织为员工提供的各种回报不都具有激励性，其中不具有激励性的因素被称作“保健因素”，具有激励性的因素被称作“激励因素”。保健因素是指当这些因素没有得到满足时，人们会感到不满意；当这些因素得到满足之后，人们的不满意感消失，但也没有达到满意的程度。保健因素通常包括薪酬福利、工作环境、组织内部关系等。激励因素是指当这些因素没有得到满足时，人们不会满意也不会不满意；当这些因素得到满足时，人才会感到满意。激励因素通常包括被信任、职业发展、学习机会、成就感、满足感、掌控感、团队氛围等。

一般来说，保健因素提供的通常是人们对与劳动相关外部条件的要求，激励因素满足的通常是人们对与劳动相关内在感受的要求。保健因素是由外向内的刺激，而激励因素是由内而外的激励。双因素激励理论对有效激发人的行为具有宝贵的参考价值，它指出一味地增加工资并不是有效的激励手段，因为员工不会因为薪酬或福利持续地增长而感觉被激励。要想有效地激励员工、提高员工的工作热情，就必须给予能够激发员工积极性的激励因素。

激励因素和保健因素之间的关系也不是一成不变的，它们之间可以相互转化。以员工的奖金为例，如果和员工的绩效表现挂钩，奖金就可以变成激励因素；如果不挂钩，奖金就是保健因素。

此外，关于双因素激励理论也有一些不同的声音。例如，当人们感受到激励因素，受到激励而感到满意时，工作效率并不一定会提高；当人们没有得到激励因素，没有感到满意时，工作效率也不一定会降低。尽管如此，对于企业而言，双因素激励理论在有效激励员工、制订管理政策上仍然具有宝贵的参考价值。

二、期望理论

期望理论最早是由美国的心理学家和行为科学家维克托·弗鲁姆（Victor Vroom）于1964年提出的。期望理论的核心是人们采取某种行为的动力，与该行为所能达到的结果对自身的价值以及自身对达到该结果的预期有关。

期望理论的假设说明了人们采取某种行为的动力与内心的预期紧密相关。当该行为为人们带来有利的价值越高，实现该目标的可能性越高时，人们采取该行为的积极性就越高，动机就越强烈。期望理论可以用公式表示为：

$$M=\sum V\times E \tag{5-1}$$

式中，M——人们做出某种行为动机的积极性，是直接推动或使人采取某一行动的内驱力。

V——目标效价，是指行为达到预期目标后对满足个人需要价值的大小，反映了个人对某一成果或奖酬的重视与渴望程度。效价有正、负、零之分。正效价代表的是个体希望达到预期目标，正效价的绝对值越高，代表个体越希望达到目标；负效价代表的是个体不希望达到预期目标，负效价的绝对值越高，代表个体越不希望达到目标；零效价代表的是个体对该目标漠不关心。效价的另一层含义是人们在主动进行某种行为之前，会对该行为造成的结果进行利弊判断与对比分析，即人们在做某件事之前，会首先判断做或不做这件事可能会给自己带来的利益以及做或不做这件事可能会给自己带来的弊端。此外，效价大小还与个人需求有关。同一个结果对不同的人而言，其效价也是不同的。例如，同样是500元奖金，对于经济困难的员工而言，具有较高的效价；对于物质生活较富裕的员工来说，效价较低。再如，同样的升职机会，对于具备成就导向特质，喜欢追求工作挑战性的人来说具有较高的效价；对于不喜欢沟通、追求工作稳定性的人来说，具有较低的效价。

E——期望值，是指人们根据过去的经验，判断自己达到目标的可能性的大小。它是人们在主动产生某种行为之前，对这件事情能否达到令人满意预期效果的概率判断，是个人对预期结果能否实现的主观预判。期望值的另一层含义是能帮助个体实现目标的非个体因素，如环境因素、公司体制、上下级配合度、可运用的工具等，代表当人们想要完成某件事时，是否有完成这件事所需要的资源支持，以及是否有阻碍这件事完成的资源障碍。对于不同个体来说，期望值高低与个人的主观判断有关。对于同一个结果，不同的人对于完成的预期不同。例如，某销售岗位每月浮动工资满额发放的标准是完成3万元的销售额，但是由于个体能力存在差异，有的销售人员会觉得期望值高，有的销售人员会觉得期望值低。此外，对于相同个体来说，期望值高低与目标设置也有关。目标设置越高，期望值越低；目标设置越低，期望值越高。对于企业来说，目标一般应设置在比员工能力稍高的地方。如果目标设置得太高，员工可能没有勇气尝试；如果目标设置得太低，员工可能不会努力工作，不利于员工的个人发展。也就是说，实际达成结果与期望值之间的差异会影响个体的行为。实际达成结果大于或等于期望值，有助于提高人们进一步行动的积极性，即差别越大，提高效果越明显；实际达成结果小于期望值，则会降低人们进一步行动的积极性，即差别越大，降低效果越明显。

三、亚当斯公平理论

亚当斯公平理论最早是由美国的心理学家约翰·斯塔希·亚当斯（John Stacey Adams）在1965年提出的。亚当斯公平理论的核心含义是员工自身的受激励程度是由自己与参照对象对工作投入和回报的主观比较判断结果决定的。

人的知觉影响着人的动机和行为，人们会根据自己的相对得失和相对薪酬来全面衡量自身的得失感。亚当斯公平理论认为人能否感受到激励，不仅和他得到的事物有关，也和他对于别人的投入及所得与对于自己的投入及所得的比较有关。这里的投入不仅是指为了工作付出的时间或精力，还包括自身受教育程度、付出的努力以及其他个人为了获取回报而付出或牺牲的资源。这里的回报也不仅是指金钱上的回报，还包括工作的肯定、他人的认可、某项福利以及其他特有的权益。

比较是人的天性，做比较在生活中无处不在。亚当斯公平理论中的比较可以分为横向比较和纵向比较两种。横向比较是指个体与他人之间的比较，纵向比较是指个体与不同时间点的自身的比较。亚当斯公平理论可以用公式表示为：

$$X=\frac{A_1}{B_1}/\frac{A_2}{B_2} \tag{5-2}$$

式中，A_1——某人对他获得薪酬回报的感觉；

B_1——某人对他为此所做投入的感觉；

A_2——某人对某比较对象获得薪酬回报的感觉；

B_2——某人对某比较对象为此所做投入的感觉。

需要注意的是，公式中A_2和B_2代表的比较对象也可以是个体自身（纵向对比）。

当$X=1$时，表示人们感到自己的投入产出比率和比较对象相当，也就产生了公平感，会感到平静，不会产生不满情绪；

当$X>1$时，表示人们感到自己的投入产出比率高于比较对象，会产生优越感；

当$X<1$时，表示人们感到自己的投入产出比率低于比较对象，会产生不公平感。

实际上，由于文化、教育、习惯以及人性的复杂性等，每个人对公平的理解各不相同，世界上也不存在绝对的公平。

四、综合激励理论

综合激励理论最早是由两位美国心理学家、行为科学家、人力资源管理专家爱德华•劳勒（Edward Lawler）和莱曼•波特（Lyman Porter）在1968年提出的。综合激励理论是对双因素激励理论、期望理论和亚当斯的公平理论的综合运用。综合激励理论认为，人们工作的努力程度就如期望理论，与效价和期望值有关，即与行为达到预期目标后对满足个人需要的价值大小以及人们根据过去的经验判断自己能够达到目标的可能性大小有关。人们通过努力后形成的工作绩效情况将会影响人们对于未来是否能够达到目标期望值的判断。人们通过努力达成绩效后，得到的内在和外在奖励给人们带来的满足感也直接影响着人们对完成预期目标对个体价值的判断。

当然，绩效能否达成，不仅与员工个人的努力程度有关，还与环境、认知程度以及员工的个人能力相关。环境是指组织流程、上下级关系、资源支持等一系列外部条件因素，认知程度是指员工对于不同事物的认识层次，个人能力是指员工个人为达成目标所具备的技能条件。

在绩效目标达成后，会形成两种奖励形式，即内在奖励和外在奖励。内在奖励可以理解为双因素激励理论中的激励因素，外在奖励可以理解为双因素激励理论中的保健因素。但是，员工的满足感不仅与这两种因素有关，还与亚当斯公平理论中的公平感有关。员工在达成绩效目标后，企业对绩效的评判、根据绩效评定结果兑现的内在和外在激励情况也直接影响着员工的公平感。

第四节　薪酬策略的制订

一、根据企业战略制订薪酬战略

薪酬战略是企业为了实现战略目标、有效利用薪酬管理体系、合理配置资源、激发员工工作积极性而制订的薪酬策略、薪酬计划和具体行动的总和，是企业整体薪酬管理体系贯彻的工作思路和行动方案，是对人力资源的配置、激励和开发进行预见性、远见性和全局性的规划。企业战略是制订薪酬战略的基础和依据，不同的企业战略有不同的特点和定位，决定了薪酬战略也有不同的侧重点。要想帮助企业实现战略目标，就要使企业的薪酬战略和薪酬管理与企业战略相适应、相匹配。

（一）根据企业总体战略制订薪酬战略

根据企业总体战略制订薪酬战略，需要了解企业的总体战略类型，即发展型战略、稳定型战略和收缩型战略三种类型。

1. 发展型战略

发展型战略是企业利用自身的资源优势，通过进行企业的增强、扩张、兼并、收购、联合等一系列的发展方式，实现一体化或多元化的战略。实施发展型战略的企业会特别强调企业成长、新市场开发、创新意识和企业与员工风险共担等。

2. 稳定型战略

稳定型战略是企业采取与过去相同或相似的战略目标，几乎不改变经营模式或产品类别的战略，是一种平稳运行的较低风险战略。采取稳定型战略的企业一般已经有了一定的经营基础，所处经营环境比较稳定，业绩和规模增长缓慢，经营风险较小。

3. 收缩型战略

收缩型战略是企业收缩战线，采取剥离、转移、重组、清算部分资产、产权或资源的战略。采取收缩型战略的企业往往遇到了经营方面或财务方面的困难，或企业过于庞大复杂，出现大量的资源冗余、闲置或浪费。

（二）根据企业竞争战略制订薪酬战略

根据企业竞争战略制订薪酬战略，需要了解企业的竞争战略类型，即成本领先战略、差异化战略和重点集中战略三种类型。

1. 成本领先战略

成本领先战略的本质是一种低成本战略，是指企业在产品性质、用途、质量相近的情况下，企业的成本能够低于竞争对手。采取成本领先战略的企业特别重视生产运营效率的提升和费用成本的控制。

2. 差异化战略

差异化战略是企业通过强化产品或服务在品牌、设计、用途、质量等方面的独特性，与竞争对手形成差异的竞争战略。采取差异化战略的企业特别重视产品或服务与竞争对手的不同，在运营中强调创新意识、员工成长和团队意识。

3. 重点集中战略

重点集中战略是企业聚焦于某一特定的领域、地区或顾客群体，持续为这些顾客提供特定的产品或服务，通过提高质量、提高效率的方式获得竞争优势的战略。采取重点集中战略的企业需要有较强的生产技术、领先优势和持续研发能力，需要在这一领域内深挖用户的需求。

（三）根据企业发展阶段制订薪酬战略

根据企业发展阶段制订薪酬战略，需要了解企业的发展阶段。企业的发展可以分为初创期、成长期、成熟期和衰退期四个阶段，企业不同的发展阶段，对应着不同的薪酬战略。[1]

1. 初创期

初创期企业的特点是经营规模较小，资金、人才、品牌、市场等都相对缺乏，对人才的吸引力较弱。在这一阶段，企业的运营成本较高，往往资金呈净流出状态，有时甚至入不敷出；而且由于人才匮乏，企业的产品和服务的质量也不稳定。

总而言之，要想在薪酬上有效地吸引和留住人才，初创期的企业应采取如下薪酬战略。

（1）强调外部竞争性

初创期的企业在用人上面临的最大矛盾是自身对人才较低的吸引力与较高的人才需求之间的矛盾。在这一阶段，企业要想吸引关键人才或核心人才加入，只能通过创造较高的预期回报、提高自身在人才市场竞争力的方式；而对于非核心人才的吸引，则不需要具备外部竞争性，保持中位值水平即可。

（2）淡化内部公平性

初创期企业的机构设置、业务流程、职责分工不像成熟期的企业一样明确稳定，一人多岗、一岗多职、岗位交叉的现象非常普遍。初创期企业吸引员工持续、努力地工作的原因往往在于干事创业的激情是对长期收益的期望，而不是名誉、地位或短期收益。因此，初创期企业不应过分强调内部薪酬之间的差距。

（3）弹性的薪酬结构

初创期企业的总体薪酬应当设置为具有较大弹性、较小刚性的形式，将固定工资和福利的比例设置到较低水平，将绩效奖金或年终奖金的比例设置到较高水平。另外，考虑到初创期企业的流动资金紧张，财务压力较大，可以选择用股权、未来的收益或职务等长期激励的薪酬管理形式来激励员工，也可以将工资转换为弹性福利，在提高员工归属感的同时，进一步增强薪酬的弹性。

[1] 任康磊：《薪酬管理实操从入门到精通》，北京：人民邮电出版社，2018。

2. 成长期

成长期企业的市场份额一般会迅速扩大，产品或服务需求会快速增加。企业扩张意味着人才的不断涌现，员工人数不断增加，员工对科学合理薪酬体系的要求也越来越迫切。因此，成长期企业要构建一套系统的、合适的薪酬体系，以保证员工产生准确的预期并形成一致性的行为。

总而言之，成长期企业应采取如下薪酬战略。

（1）重视内部公平性

随着企业规模的不断扩大、企业机构的日趋稳定、内部流程的不断完善，成长期企业的岗位职责也日渐分明，逐步进入规范化管理的阶段。这时，成长期企业对规范化制度和机制的要求会越来越高，需要建立以职位为基础的薪酬体系，以保证企业内部的公平性。

（2）保持外部竞争性

在这一阶段，企业对高级人才的需求会越来越大，尤其是对技术研发、市场营销、财务管理等类型的人才需求量会大幅增加。只有更多优秀人才的加入，才能进一步推进企业的快速、持续、健康发展。受外部人力资源市场的制约，成长期的企业要想获取优秀人才，必须保持薪酬的外部竞争性。

（3）保持薪酬结构的灵活性

相较于初创期的艰难，成长期企业的资金流速有所加快，往往会出现资金净流入的情况，企业的现金存量不断增加。此时的企业已经有能力适当提高固定工资和福利的水平，以增加企业薪酬水平的外部竞争性。此外，成长期企业要想引导员工的行为、鼓励员工的贡献，使企业实现进一步发展，绩效工资的占比不宜设置过低。

3. 成熟期

到了成熟期，企业的规模、市场、产品和利润都达到鼎盛的状态，企业的发展速度较为缓慢。这时，企业最该考虑的是如何能够保持住现有的经营水平，并积极寻求新的发展方向和突破。如果选择安于现状，那么企业很可能会从成熟走向衰落。只有积极地做出战略调整，成熟期企业才有进一步发展的可能。

总而言之，成熟期企业应采取如下薪酬战略。

（1）更加重视内部公平性

成熟期企业的管理、流程等方面更加科学规范。这类企业就好像是一台大型机械，员工就像是在这台大型机械上不断运转的齿轮，会更加关注自己得到的薪酬与同事相比是否公平合理。因此，成熟期企业应根据岗位价值评价的结果设置更加规范的薪酬体系，避免因为企业内部的不公平，影响企业整体运转的效率和稳定性。

（2）不再特别强调外部竞争性

成熟期企业的薪酬结构通常已经具备了一定的外部竞争性，企业的品牌和影响力也已经成为吸引人才的有效方式。此时的企业内部已经积累了大量人力资源，企业对人才的获取方式可以由外部的劳动力市场转向内部的劳动力市场。因此，成熟期企业的人力资源管理的重心应转为发现、培养和开发内部人才，而不是靠高薪酬吸引外部人才。

（3）鼓励合作的薪酬结构

成熟期企业的资本收益率和资金状况基本处于稳定状态，如果没有大的投资项目，那么现金存量会保持逐渐增加的趋势。由于员工的固定工资和福利占比较高，绩效奖金的占比较低，成熟期企业面临的问题包括两个方面：一是如何设置长期激励，留住有能力的核心人才；二是如何强调企业效率，加强团队协作。对此，成熟期企业一方面要继续强化核心员工的长期激励，另一方面要重视团队的薪酬奖励。

4. 衰退期

衰退并不意味着企业走向灭亡，也可能是企业发展陷入低谷。衰退期企业大多面临着市场萎缩、利润下降、财务状况恶化的情况，可以采取收缩战略剥离亏损业务，控制成本，并寻找新的经济增长点。

总而言之，衰退期企业应采取如下薪酬战略。

（1）强调外部竞争性

虽然衰退期企业难免会有裁员的情况，但是为了寻找未来的机会点，寻找并吸引待开发的新业务领域的优秀人才，企业仍需要保持外部薪酬的竞争性。同时，当企业处于衰退期时，优秀人才离职的意愿较为强烈，如果不强调外部竞争性，将难以留住优秀人才。

（2）保持内部公平性

衰退期企业的内部往往军心不稳，员工的负面情绪较大，如果无法继续保持企业内部公平性，必然会加剧员工的负面情绪，大大提高离职率。

（3）灵活的薪酬结构

由于衰退期企业强调长期激励的意义并不大，固定工资可以相当于或低于市场水平。如果财务状况允许，为了继续发展，也为了留住核心人才及吸引外部人才，在业绩改善的情况下，衰退期企业可以设置较高的奖金和福利；如果衰退是必然趋势，又没有新的经济增长点，在财务状况较差的情况下，衰退期企业可以设置较低的奖金和福利。

二、根据薪酬战略制订薪酬策略

不同的薪酬战略对薪酬水平、薪酬结构有不同的具体要求，这就要求企业必须有相应的薪酬策略。

（一）制订薪酬定位策略

薪酬定位策略是指企业基于自身战略规划所制订的相对于竞争对手的薪酬水平高低策略。企业制订薪酬定位策略时不仅要考虑到企业自身的战略，还要考虑到企业吸纳和稳定员工的能力以及人力成本的控制。

常见的薪酬定位策略可以分为四种，分别是薪酬领袖策略、市场追随策略、市场拖后策略以及薪酬混合策略。

1. 薪酬领袖策略

薪酬领袖策略也叫作“薪酬领先策略”，是一种主动领先型的薪酬政策，是指企业采取劳动力市场中较高分位值薪酬水平的策略。采取薪酬领袖策略的企业的薪酬水平在劳动力市场中的排名应在前75位，并且大部分处于90分以上。

当企业规模较大、实力较强、利润较高、资金充足，能够通过提供较高的薪酬吸引和留住市场中的较优秀人才时，较为适合采取薪酬领袖策略。薪酬领袖策略常见于知识密集型、技术密集型和资金密集型企业，以及一些行业龙头企业、咨询企业。

薪酬领袖策略的优点包括五点：第一，能够提高企业的雇主品牌形象；第二，能够最大限度地吸引优秀人才，减少企业在招聘和选拔方面的费用；第三，能够增加员工的离职成本，降低员工的离职率；第四，能够提高员工的满意度和工作的积极性，改善员工绩效；第五，能够减少企业薪酬管理的成本。

薪酬领袖策略的缺点包括三点：第一，会增加人力成本，给企业造成一定的财务压力；第二，在一定程度上可能会限制薪酬管理的弹性化空间；第三，对行业有一定的要求和限制，有些行业的特性决定了该类型的企业无法采取这种策略。

2. 市场追随策略

市场追随策略是一种被动跟随型的薪酬政策，是指企业采取劳动力市场薪酬水平中位值的策略。采取市场追随策略的企业的薪酬水平一般保持在劳动力市场排名的50～75位。市场追随者策略适用于大部分的行业和企业。

市场追随者策略的优点包括两点：第一，相较于薪酬领袖策略，市场追随者策略的人力成本较低，企业的财务压力较小；第二，在招募人才时，依然可以吸引到市场中的大部分求职者。

市场追随策略的缺点包括两点：第一，需要及时掌握劳动力市场的薪酬水平，对薪酬市场调研的时效性和准确性、对薪酬管理的敏锐度和管理能力有一定的要求；第二，难以招募到行业中最顶尖的优秀人才。

3. 市场拖后策略

市场拖后策略是一种被迫拖后型的薪酬政策，是指企业采取劳动力市场薪酬水平较低分位值的策略。采取市场拖后策略的企业的薪酬水平一般保持在劳动力市场排名50位以下。

当企业的规模较小，利润较低，市场竞争异常激烈，财务状况较差，经营遇到困难，企业的战略转变为维持现状、减少产量或缩小经营范围时，最适合采取市场拖后策略。

市场拖后策略的优点是能够减少人力成本，减少企业的财务压力；缺点是在企业经营状况改善、希望招募人才时，很难吸引到人才。

如果企业被迫采取市场拖后策略时，为留住人才，可以采取如下措施。

第一，给员工提供远期收益，如期权、分红、远期福利等，从而有效减少市场拖后策略带来的负面影响，不至于让员工对企业失去信心、员工满意度下降。

第二，想办法在其他方面在劳动力市场上处于领先地位，如给员工充分的信任和授权，提供理想的工作场所、弹性的工作时间或工作地点、更具有挑战性和成就感的工作，从而保证企业拥有和谐的上下级关系和文化氛围，同时给员工提供更大的成长和发展空间等。

4. 薪酬混合策略

薪酬混合策略，通常包括以下两种表现形式。

第一种表现形式是在同一企业中，对不同岗位的员工采取不同的薪酬定位策略。例如，在某技术研发为主营业务的企业，技术岗位人才是该企业的核心人才，应对这部分人才实施薪酬领袖策略，对管理岗位人才实行市场追随策略，对部分后勤保障人员实行市场拖后策略，同时提供良好的生活保障设施。

第二种表现形式是在同一企业的同一岗位中，实行薪酬混合形式的不同薪酬定位策略。例如，在以大宗交易为主营业务的某商贸流通企业，销售经理岗位实行基本工资加业绩提成的方式。具体而言，该企业为激励销售经理达成业务目标，在基本工资水平的设置上采取了市场追随策略，在业务提成水平的设置上采取了薪酬领袖策略。

薪酬混合策略的特点是能够实现薪酬的外部竞争性和内部公平性的有机结合，提高薪酬管理的效用和效率。但是，在实际应用过程中，企业需要注意外部竞争性和内容公平性之间的关系，防止出现员工队伍不稳定、离职潮等现象。对此，企业需要做好如下几个方面。

第一，企业员工的薪酬差别应该控制在合理的、员工可接受的范围之内。

第二，最好将实施不同薪酬定位策略的员工群体的工作场所设置在不同地点，设法减少这三部分员工群体除了正常工作需要之外的交流和沟通。

第三，对于实施薪酬追随策略的员工群体，应及时了解市场的薪酬状况，使其薪酬水平及时跟上市场薪酬的变化。

第四，对于实施薪酬拖后策略的员工群体，应在其他领域为其提供特有的福利。

（二）制订薪酬结构策略

在不同的企业战略、薪酬战略以及不同类型的岗位下，员工的固定薪酬和浮动薪酬在总工资中所占的比例也会不同。根据固定薪酬和浮动薪酬的占比，可以将薪酬结构策略分为三种类型，即弹性模式、稳定模式和折中模式，如图5-2所示。

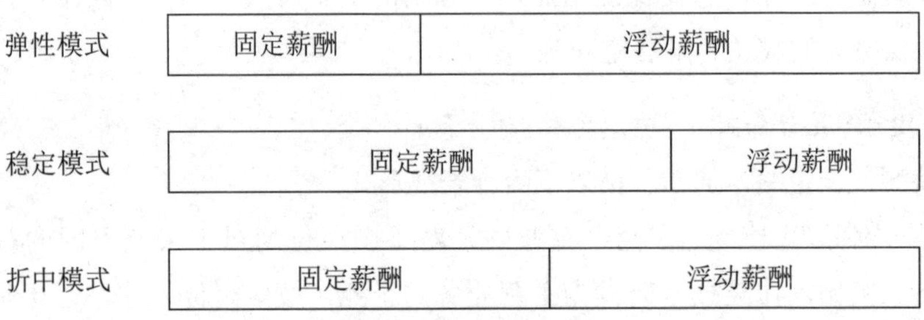

图 5-2　薪酬结构策略

弹性模式是指固定薪酬比例较低（通常小于40%）、浮动薪酬的比例较高（通常高于60%）的薪酬结构策略。弹性模式的薪酬结构策略通常应用于与企业业绩关联度较大的岗位，如销售业务人员、总经理等。

稳定模式是指固定薪酬比例较高（通常高于60%）、浮动薪酬比例较低（通常低于40%）的薪酬结构策略。稳定模式的薪酬结构策略通常应用于与企业业绩关联度较低的岗位，如行政助理岗位、财务岗位、人力资源管理岗位等。

折中模式是指固定薪酬比例和浮动薪酬比例持平、通常各占50%或者差别不大的薪酬结构策略。折中模式的薪酬结构策略通常应用于经营状况较为稳定的企业，以及企业业绩的关联度和岗位人员的能力素质要求并重的岗位，如技术研发岗位、生产工艺岗位等。

为了便于读者理解和应用，本书对这三种薪酬结构策略的效果进行了比较，具体见表5-1。

表 5-1　三种薪酬结构策略的效果比较

类别	弹性模式	稳定模式	折中模式
激励效应	强	弱	中

续表

类别	弹性模式	稳定模式	折中模式
员工主动性	中	强	弱
员工忠诚度	弱	强	中
员工压力	大	小	中
员工流动率	大	小	中

（三）制订薪酬策略的考虑要素

企业在选择和制订薪酬策略时，要充分评估和考虑以下四个方面的因素。

1. 企业战略

在制订薪酬策略时，首先，要充分考虑企业的发展战略，这与战略导向原则是一致的。如果企业实行的是差异化战略，就有必要对关键岗位实行竞争力较高薪酬；如果企业实行的是成本领先战略，则没必要实行过高竞争力的薪酬。其次，要结合企业发展战略，将企业发展战略进行分解，得到人力资源战略及实施举措。在这一过程中，薪酬理念与薪酬策略都将得到反映。最后，要结合企业自身的发展阶段，因为不同阶段对薪酬策略的要求是不同的。例如，初创期企业薪酬策略的重点是易操作性，成长期企业薪酬策略的重点是激励性，成熟期企业薪酬策略的重点是公平性。

2. 企业文化

薪酬策略的选择同样要考虑企业文化的影响，只有顺应企业文化的薪酬策略才有可能得到有效实施，而对抗企业文化或者与企业文化相悖的薪酬策略往往以失败告终。例如，对于平均主义的企业文化来说，薪酬构成中固定收入应该占据绝大部分比重，绩效工资和奖金等浮动薪酬应该占据较少的比重，薪酬公平性应更关注内部公平，尽量缩小薪酬差距；而对于业绩导向的企业文化而言，薪酬构成中固定收入占比应较小，绩效工资和奖金等浮动薪酬的占比应较大，薪酬结构更应关注外部竞争性，内部薪酬应尽量拉开差距，体现多劳多得的思想。

3. 外部环境

外部环境同样影响着薪酬策略的选择。企业的外部环境可以划分为宏观环境和微观环境两种。宏观环境包括政治法律环境、经济环境、社会文化环境、自然环境和技术环境；微观环境包括产业生命周期、产业结构、市场结构、市场需求、产业战略群体和成功关键要素。只有在考虑外部环境的前提下，才能更好地制订并实行薪酬策略。例如，政治法律环境决定了企业在制订薪酬策略时，需要考虑当地最低工资的标准、福利的规定、加班费的规定等。

4. 内部条件

企业制订薪酬策略时，会受到企业盈利状况及财务状况的制约，应该使股东、管理层和员工形成多赢的局面。如果企业的盈利状况良好，财务现金流充足，可以实行竞争力薪酬策略，适当拉开员工之间的收入差距；如果企业盈利状况较差，财务现金流紧张，那么就不能实行过高的薪酬水平策略，员工的收入差距也不宜过大。

第五节　薪酬管理的环境保障

与许多管理工作一样，要落实并做好薪酬管理，光有理论、方法和工具是不够的，还需要有保证薪酬管理的环境支持。其中的关键点是薪酬管理的角色分工以及薪酬管理者的能力素质。

一、薪酬管理的角色分工

与人力资源管理的其他模块一样，薪酬管理绝不仅仅是人力资源管理部门的事。要做好薪酬管理，还需要企业其他相关部门和岗位的配合。常见的企业薪酬管理组织机构如图5-3所示。

下面将对图5-3中的组织机构进行介绍。

薪酬绩效管理委员会是企业薪酬管理的最高机构，是董事会按照章程专门设立的工作机构。薪酬绩效管理委员会在薪酬管理方面的主要权限和职责包括制订董事和高级管理者的薪酬政策和考核方案；负责监督企业薪酬制度和政策

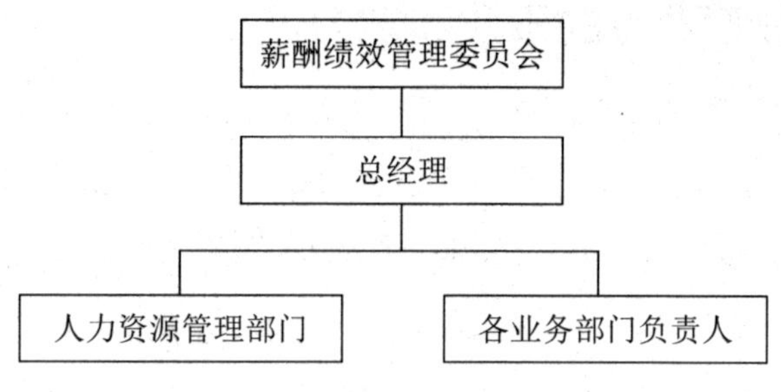

图 5-3 薪酬管理的组织机构

的执行情况；裁定某些特殊情况下薪酬和绩效的相关工作；促进企业薪酬和绩效文化的发展；审批、监督和修订企业整体薪酬政策；处理董事会授权的其他与薪酬管理相关的事宜。

总经理是除了薪酬绩效管理委员会中董事之外薪酬政策的最终审批人。总经理在薪酬管理工作方面的主要权限和职责包括关注财务状况，从宏观角度把握和调控企业人力成本和经济情况；负责确定企业薪酬管理政策的原则和基本方向；负责企业薪酬管理制度及相关流程的最终审批；负责薪酬调整方案、员工薪酬水平和具体薪酬的最终审批；了解人力资源管理部门进行薪酬管理的过程和使用的方法；监督薪酬管理的全过程，发现问题后及时要求相关部门进行调整。

人力资源管理部门是薪酬管理工作的主要实施部门。人力资源管理部门在薪酬管理工作方面的主要权限和职责包括进行企业岗位描述和岗位价值评估；进行外部市场调研和内部薪酬满意度调研；对薪酬调研结果、工资体系、人力成本等与薪酬相关的数据进行分析并提出改进方案；制订薪酬制度、政策和薪酬调整方案，报给总经理和薪酬绩效管理委员会进行审议；监督、协助各部门完成绩效管理；收集、汇总、分析各部门的考核结果，处理考核争议；收集、归档考勤数据以及薪酬相关资料；解答企业各级对薪酬相关问题的疑惑。

各业务部门负责人在薪酬管理工作中的主要权限和职责包括协助人力资源管理部门进行岗位描述；协助人力资源管理部门进行岗位价值评估；进行员工日常岗位工作表现评估；在企业的总体薪酬政策下，决定本部门内员工具体的薪酬调整幅度；上报本部门内不合理的薪酬情况。

二、薪酬管理者的素质和能力

薪酬管理者的素质和能力决定了企业薪酬管理工作的运行质量。因此，要想有效开展薪酬管理工作，企业就要重视对薪酬管理工作人员的选拔、培养和开发。薪酬管理者素质和能力的要求见表5-2。[1]

表 5-2　薪酬管理者素质和能力的要求

能力	内容
敏锐的洞察力	薪酬管理者应适时了解外部市场的经济环境，了解外部人力资源市场状况和趋势，掌握外部市场、行业和地区薪酬福利状况
	要掌握劳动法的法律法规并关注其变化
	要了解企业的战略重点和内外部业务情况
	要了解企业的组织机构以及业务分布程度
	要及时了解员工对薪酬的满意情况
薪酬管理能力	熟练掌握与薪酬福利管理相关的方法、工具和流程
	能够对企业薪酬进行统筹规划，形成薪酬战略和薪酬策略
	能够进行薪酬体系设计和薪酬制度设计
	能够进行薪酬模式和薪酬结构的设计
	在薪酬管理运行过程中，能够持续改进并适时调整
数据分析能力	能够根据相关薪酬信息进行数据分析并提出改进建议
	能够进行人力成本和费用预算
	能够形成各类薪酬分析报表
	熟练使用相关办公软件
信息获取能力	具备有效的人际关系网
	能够不借助外部机构开展市场调研
	保证信息资料的来源真实可靠

[1] 任康磊：《薪酬管理实操从入门到精通》，北京：人民邮电出版社，2018。

续表

能力	内容
沟通能力	能够处理好工作关系和人际关系
	能够与企业各部门良好地开展工作
	能够使企业上下级建立良好的沟通关系并使员工顺利完成工作
表达能力	具备良好的语言表达能力，能够用口语准确完整地表达工作
	具备良好的文字表达功底，能够独立撰写各类工作报告

第六章 薪酬模式与方案设计探究

宽带薪酬模式和年薪制模式是两种常见的、运用范围较广、使用频率较高的薪酬模式。随着企业组织结构扁平化的发展趋势和人才发挥主观能动性的要求，这两种薪酬模式还将得到更为广泛和深入的应用。此外，企业薪酬管理思路的贯彻落实离不开科学、严谨的薪酬方案设计。为了发挥薪酬管理的效能，本章将通过薪酬方案设计和薪酬管理制度的落实，体现薪酬管理体系的工具化、规范化和制度化。

第一节 宽带薪酬模式及其应用

宽带薪酬模式的概念始于20世纪90年代前后，是作为一种与企业组织扁平化、流程再造等新的管理战略与理念相配套的新型薪酬结构而出现的。[1]

一、宽带薪酬模式的概念和应用特点

（一）宽带薪酬模式的概念

宽带薪酬是在企业内用少数跨度较大的工资范围来代替原有的数量较多、

[1] 顾英伟，吴宏：《企业宽带薪酬体系的设计与应用》，商业时代，2005（18）：31-32。

跨度较小的工资范围的一种薪酬模式。宽带薪酬模式在传统窄带薪酬模式的基础上，对薪酬等级和薪酬变动的范围进行了重新组合，将原来数量较多、跨度较小的薪酬等级减少，将薪酬上下级之间的浮动范围拉大。

（二）宽带薪酬模式的演化过程

本书采用图文结合的方式解释窄带薪酬模式与宽带薪酬模式之间的关系和演化过程，具体如图6-1所示。

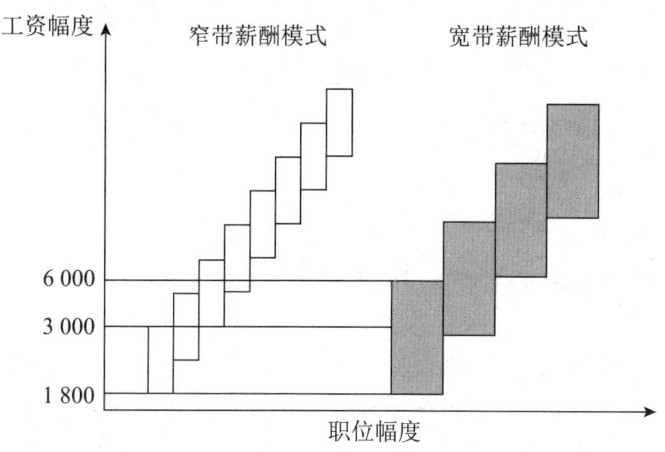

图 6-1　窄带薪酬中岗位类别与薪酬等级的关系

由图6-1可知，窄带薪酬模式在某一类岗位上会划分出多个不同的层级，而宽带薪酬模式在此基础上进行了改进。在宽带薪酬模式中，原本很多的薪酬等级有所减少，也显得更“宽”，每个等级薪酬上下值的划分也更“宽”。这样一来，宽带薪酬模式就会形成能够适应新的人力资源管理模式，满足新的业务发展需要和企业竞争需要的新型薪酬管理体系。

总而言之，窄带薪酬模式与宽带薪酬模式的着眼点和定位有所不同，二者的比较如图6-2所示。

窄带薪酬模式适用于职能型、事业型或其他偏纵向型的组织结构，即适用于严密的直线层级制组织结构。对于采用窄带薪酬模式的企业而言，薪酬结构的设计要聚焦在岗位的设置上，应该以岗位评估为基础，以任务目标为导向。宽带薪酬模式适用于流程型、网络型或者其他偏横向型的组织结构，即适用于工作和汇报关系趋于扁平化的组织结构。对于采用宽带薪酬模式的企业而言，

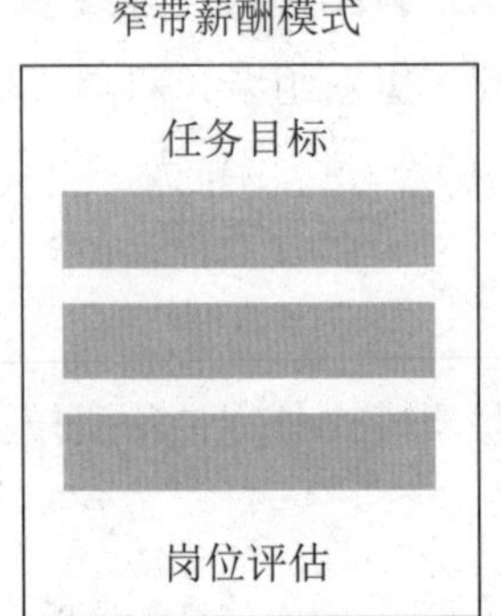

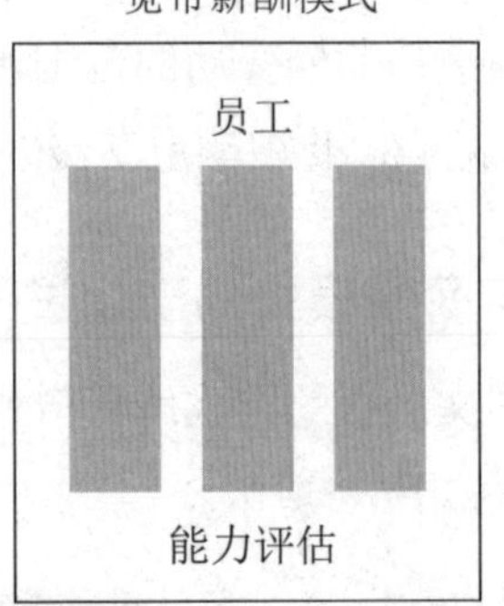

图 6-2　窄带薪酬模式和宽带薪酬模式的比较

薪酬的设计要聚焦在员工（也就是人）的发展上，应该以能力评估为基础，以员工的职业发展为导向。

（三）宽带薪酬模式的应用特点

1. 宽带薪酬模式的应用优势

第一，有利于提高企业组织结构的灵活性。宽带薪酬模式通过合并不必要的岗位类别与薪酬等级，打破了等级观念，降低了等级差别，有利于企业提高效率和创造学习型的企业文化，使企业的组织结构更加灵活。

第二，有利于员工职业生涯的发展。在采用宽带薪酬模式时，员工岗位轮换和薪酬变化不再受薪酬等级和幅度的限制，而是强调个人能力和业绩，有利于员工职业生涯的发展。

第三，有利于职位轮换与培育组织的跨职能开发和成长。在采用宽带薪酬模式时，对于员工而言，在同一薪酬等级中，无论是横向发展还是纵向发展都更加容易。而且，因为薪酬一样，员工也更乐意通过轮换不同岗位来提升自己的能力。

第四，有利于推动企业整体绩效的提升。员工一旦开始主动提升自身的技能水平，那么他的工作能力必然会得到一定程度的提高，其绩效也会有所提升。这些改变都会对员工绩效评定结果产生积极的影响。如果企业中大部分员工都发生了这种转变，必将推动企业整体绩效的提升。

第五，有利于提高企业的市场竞争力。在宽带薪酬模式下，员工的薪酬水平是以市场调查数据和企业工资定位来确定的，而对薪酬水平的定期核对与调整可以使企业更具有市场竞争力，也能相应地做好员工成本的控制工作。

第六，有利于强化部门内部的管理。在一个薪酬宽带内，上下限之间的差异较大，给员工薪酬水平的确定留有较大的空间。在这种情况下，直线经理将会承担更多的责任，拥有更大的权力，可以对员工的薪酬水平给出更多的建议。因此，宽带薪酬模式有利于直线经理对员工管理的强化和深入，也有利于人力资源管理工作的务实和权力的下沉。

2. 宽带薪酬的应用缺陷

第一，晋升问题。职位的晋升对员工来说是一种激励手段，但是对于宽带薪酬模式下扁平化组织结构的企业而言，由于职位级别较少，员工很可能长时间在同一个职级中轮换。这意味着员工会在很长一段时间内可能只有薪酬的变化而没有职位的晋升。由于晋升机会少，员工的士气可能会低落，进而失去进取的热情。

第二，绩效崇拜。宽带薪酬模式与窄带薪酬模式相比更强调个人绩效，这使得在个体绩效得到强化的同时，可能会面临企业内部协同失衡的情况。此外，由于宽带薪酬模式强调绩效，如果把握不好这个“度”，那么就可能会忽视员工不同层次的需求，进而使整个企业的需求导向转向逐利性。

第三，成本增加。在宽带薪酬模式下，即使员工不晋升，只要员工的能力、绩效等达到了公司要求，员工也可能会得到较高的薪酬。这样一来，企业的成本支出会大大增加。

第四，适用性窄。宽带薪酬模式并不适用于所有企业，它更适用于技术型、创新型的企业。对于纵向层级制的劳动密集型企业而言，其长期积累的企业文化以及管理的特性决定了其使用窄带薪酬模式可能会取得更好的效果。

二、宽带薪酬模式设计流程

宽带薪酬模式的设计流程可以分成三步，如图6-3所示。

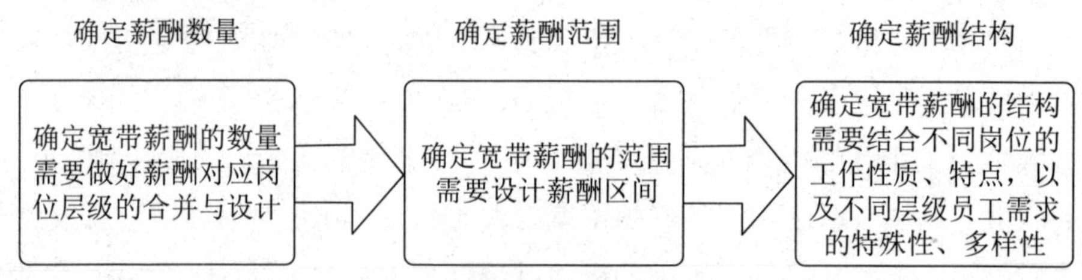

图 6-3 宽带薪酬模式的设计流程

第一，确定薪酬数量。确定宽带薪酬的数量需要做好薪酬对应岗位层级的合并与设计。合并的依据可以是岗位类别、岗位角色或岗位属性等，而具体按照哪种性质合并应该根据企业的管理需要和惯例确定。

第二，确定薪酬范围。确定宽带薪酬的范围需要设计薪酬区间。在宽带薪酬模式下，薪酬区间有较大程度的跨度。在同一个区间内，最高级与最低级之间可能存在1～3倍的跨度，并且上下层级之间可能存在一定的交叠。

第三，确定薪酬结构。完成以上两步后，人力资源管理部门应根据不同岗位的工作性质、特点以及不同层级员工需求的特殊性、多样性，建立对应宽带薪酬岗位类别的不同薪酬结构，从而有效地激励不同层次员工的积极性和主动性。

三、宽带薪酬模式实施和修正

设计宽带薪酬模式的整体方案只是宽带薪酬模式实施工作的开始。要想让宽带薪酬模式在企业中得到有效实施，企业需要做好以下工作。

（一）完善组织结构

企业的组织结构是设计宽带薪酬模式方案的基础，宽带薪酬模式方案也可以作为企业进行组织结构改革方案的一部分和企业组织结构改革方案的补充内容。但是，要想保证宽带薪酬模式能有效实施，企业的组织结构就应当采取相应的变化。例如，某企业由原来的纵向职能型组织结构转变为横向流程型组织结构。对于该企业而言，如果组织结构不发生变化，就无法应用宽带薪酬模式，员工的发展和薪酬变化将仍然依赖于职务的晋升和岗位的变化。只有将企业职能型的组织结构转变为相对扁平化的组织结合之后，企业才能应用宽带薪酬模式，员工的晋升与发展才不会受限于职务的变化，才可以按照绩效和能力浮动。

（二）宣导沟通引导

企业想要从窄带薪酬模式改变为宽带薪酬模式，需要通过宣传薪酬政策来推行和落实。要想推行新的薪酬政策，少不了全企业范围内的宣导。如果宣导不到位，员工很可能会因为置疑、担心或气愤出现本不该出现的抵触情绪，进而影响薪酬政策的推行和落实。因此，企业对于薪酬方案的宣导一定要及时。人力资源管理部门可以先向企业的中基层管理者宣导，再由中基层管理者向基层员工宣导。

在宣导薪酬政策的过程中，不仅要宣传薪酬政策本身，还应借此机会告知员工要实施宽带薪酬模式有利的一面，通过让员工树立“只要不断提高自身的能力和绩效水平，就能提高薪酬水平”的信念，营造学习型企业的氛围，激发员工的活力，激励员工的成长，使企业持久、健康地发展。

（三）健全测评系统

在宽带薪酬模式下，绩效水平和能力水平是评判员工薪酬水平的重要依据。只有在企业绩效管理体系和能力管理体系完善的前提下，才能保证员工绩效测评结果和能力测评结果的公平性和合理性。如果没有绩效水平和能力水平两大测评系统对员工进行客观、有效的评价，宽带薪酬模式就如同“空中楼阁”，员工也不会因为实行了宽带薪酬模式而产生被激励的感觉，反而会产生对企业的不信任感。

（四）关注实施控制

由于宽带薪酬模式可能会增加企业的人力成本，在实施宽带薪酬模式之前，人力资源管理部门应做好薪酬预算，对企业总体薪酬水平以及可能发生的变化做出准确的预算，以确保在未来一段时间内企业的人力成本能得到一定程度的控制。

在推行宽带薪酬模式的过程中，人力资源管理部门要定期、及时地关注并评估人力资源市场状况，对薪酬政策做出调整，以适应人力资源市场的变化。

需要注意的是，在宽带薪酬模式建立后，在不违背企业战略、保持相对稳定的前提下，宽带薪酬模式还应具有一定的弹性，使薪酬策略、薪酬水平、薪酬结构都能随着企业的经营状况和市场薪酬水平的变化而变化。

四、宽带薪酬模式实施的注意事项

与窄带薪酬模式相比，宽带薪酬模式更加注重员工个体之间的差异，这是对个人能力和绩效评定结果的充分尊重。强调员工个人能力和绩效的宽带薪酬模式与以岗定薪的窄带薪酬模式并不矛盾，这两种模式互为补充，从不同方面反映和强调了薪酬设计中的公平性原则。尽管如此，在实施宽带薪酬模式之前，仍需要注意以下内容。

第一，明确战略。在实施宽带薪酬模式之前，要明确企业的战略、人力资源管理战略以及薪酬战略。

第二，认清形势。由于宽带薪酬模式不适用于所有的企业，人力资源管理部门不能因为宽带薪酬具有的优势而忽略了其缺点，盲目追随。对于连窄带薪酬体系都无法正常运行的企业而言，更不适宜引入宽带薪酬模式。对此，人力资源管理部门在设计薪酬模式时必须要使其体现企业的个性化特征，根据组织结构以及不同层次人员的需求设计符合企业特点和需求的薪酬方案，而不能简单地用宽带或窄带来界定薪酬模式。

第三，结合组织结构。宽带薪酬模式与组织结构的联系非常紧密，二者之间相互促进、相互补充。在实施宽带薪酬模式之前，应当先审视组织结构层面的变化、企业管理方式的变化，并与组织结构的优化相结合。

第四，注意方法。实施宽带薪酬模式的管理人员应具备人力资源管理和薪酬管理的基础知识和能力，能合理划分薪酬的带宽和上下限，能根据不同类别层级的特点设计薪酬方案，还要做好任职资格和薪酬等级的评定标准等基础工作。

第五，征求意见。在应用宽带薪酬模式的政策出台之前，人力资源管理部门要广泛征求企业内各部门、各员工的意见，吸取各方意见中有价值的部分并及时做出调整。对于不采纳的意见，也应在宣导时做出关于为何不采纳该意见的必要解释。人力资源管理部门还要设计薪酬政策的试行期，以免大面积推行造成企业混乱与员工的不适应。

第二节　年薪制模式及其应用

年薪制模式是根据企业的业绩和个人的绩效，以年度为单位支付劳动者薪酬的薪酬模式。年薪制模式的目的是把人才的个人利益与企业的利益联系起来，让人才与企业的发展目标相一致。年薪制模式因为对人才有着较为长远的激励和约束作用，所以也被广泛地应用于企业的薪酬设计中。

一、年薪制模式的适用对象和构成要素

（一）年薪制模式的适用对象

年薪制模式原本适用于对企业经营业绩责任和影响较大，或者具备企业的实际经营权但没有或享有企业所有权的人员，如企业的高级管理者、核心技术人才以及个别处于关键岗位的对企业经营业绩有较大影响的人才。随着企业经营管理的演变，组织扁平化、组织平台化、组织权力下沉等理念的实施，如今实施年薪制模式的企业越来越多，并已经将这种薪酬模式逐渐扩散应用到许多中层管理者或者某些特殊岗位的基层员工的身上。

（二）年薪制模式的构成要素

年薪制薪酬构成要素可以简单地划分为三个部分：一是相对固定的收入A；二是定位在人才短期激励的浮动收入B；三是定位在人才长期激励的收入C。

收入A是保证人才家庭和个人的基本生活费用，一般以月度为单位发放。收入A不是一成不变的，会随着物价水平、劳动力市场状况、职级调整、工作年限或者企业整体薪酬水平的变化而变化。

收入B一般是对相对短期（一季度到两年）的经营业绩和绩效成果的奖励，一般以季度或年度为单位进行发放。根据绩效状况，收入B的发放金额可能会达到预期，也可能会超过预期，还可能为0。

收入C鼓励人才更长远的贡献，把企业的发展和人才的个人发展绑定在一

起，一般由企业和人才双方确定后，在3～5年内兑现。收入C能够有效防止管理者为了追求短期利益而做出“杀鸡取卵式”的决策和短期行为。

总而言之，管理层级越高、对企业发展影响越深远的员工，收入C所占比越大；管理层级越低的员工，A部分的占比越大。也就是说，岗位不同、职务不同、层级不同，各部分的薪酬占比也不相同。需要注意的是，年薪制模式的属性决定了它本身就属于一种减少固定收入、增加浮动收入的模式。既然采取了年薪制，原则和趋势上就应当减少收入A的占比，增加收入B或收入C的占比。

二、年薪制模式的类型

不同类型的企业采取年薪制模式的差异较大，常见的年薪制模式有准公务员模式、一揽子模式、非持股多元化模式、持股多元化模式和虚拟持股多元化模式五种。

准公务员模式的考核指标一般是企业当年的业绩目标是否达成。

一揽子模式的考核指标通常是十分明确地达成一项或几项指标，如实现利润、增加销售、减少亏损、资产利润率等。

非持股多元化模式、持股多元化模式和虚拟持股多元化模式这三种模式是企业使用频率最多的、最常见的年薪制模式，三者之间的不同主要体现在长期激励的操作方面。持股多元化模式中的股权是指实际股权[1]，它既可以是直接持股，也可以是限制性股票或股票期权[2]。虚拟持股多元化模式中的股权是指虚拟股权[3]，它既可以是虚拟股票、年薪虚股制，又可以是账面价值增值权和股票增值权。当然，持股多元化模式和虚拟持股多元化模式对长期激励的落实不应仅仅围绕在“股”上，还应围绕在“多元”上，应采取更加多种多样的

---

❶ 实际股权代表股票持有者（股东）对企业的所有权，包括参加股东大会、投票表决、参与公司的重大决策、收取股息或分享红利等综合性权利。

❷ 股票期权是企业授予激励对象的一种可以在规定时间内，以事先约定的价格购买本企业一定数量的流通股票的权利。激励对象可以放弃对权利的行使。股票期权的行权有时间和数量上的限制，且需激励对象自行为行权支出资金。

❸ 虚拟股权是指名义上享有股票但实际上并没有表决权和剩余分配权，仅享有分红权以及部分增值收益。

长期激励模式，如多元化的长期福利，或者参考准公务员模式中的养老金计划等。总而言之，非持股多元化模式、持股多元化模式和虚拟持股多元化模式都是根据企业战略和岗位特点而制订的。

三、年薪制模式的应用特点

与其他薪酬模式相比，年薪制模式在功能上具有激励性和约束性并存、公平性和效率性并存、制度性和规范性并存的特点。在年薪制模式下，收入与绩效的关联性较强。它既能给人才较强的激励，又能给人才带来一定的责任感和压力，体现了责任、收益和风险的统一；既能提供具有一定挑战性的劳动机会，又能提供获得较高薪酬的机会，体现了公平和效率的统一；既有特定制度的约束，又有标准规范的约束，体现了制度和规范的统一。

（一）年薪制模式的优势

第一，绩效导向。年薪制模式把企业的经营业绩、岗位的工作业绩与员工的个人所得更加紧密地联系在一起，实现了个人目标和企业目标的统一。年薪制模式像是一个委托代理合约，在企业和员工之间的雇佣关系上又增加了一层委托人和被委托人之间的委托代理关系。

第二，面向未来。在传统的薪酬模式中，员工的收益是对过去的总结；而在年薪制模式中，员工的收益在很大程度上是对未来的展望。年薪制模式是企业根据对未来经营情况的预期而制订的，将企业未来的状况与员工未来的收益进行了绑定。

第三，抑制腐败。在年薪制模式中，企业的长远发展与员工的个人收益紧密结合在一起，员工对企业的归属感和责任感大大增强。此时，员工对于不利于企业的行为的容忍度将会变低，能有效抑制或预防管理过程中的腐败问题。

（二）年薪制模式的缺点

第一，可能会出现短视行为。年薪制模式如果在实施的过程中没有采取有效的长期激励，则可能无法调动员工的长期行为。员工可能会为了个人利益而做出损害企业长远利益的行为，或者放弃有利于企业长远发展的打算。

第二，收入可能减少。相对于传统的“旱涝保收式”薪酬模式，年薪制收入模式存在较大的不确定性。由于企业的经营情况受外部因素的影响较大，即使员工在主观上已经做出了较大努力，如果经营业绩与预期差异较大，也可能导致员工的收入骤减。

第三，针对性差。一般来说，年薪制模式在企业中的应用主要集中在人数较少的管理员工或特殊岗位的员工上，而这些员工的素质水平往往已经较高。然而，企业中更需要这种激励的员工集中在一线，年薪制模式的优势反而难以覆盖这类员工。

四、年薪制模式的实施条件

即使年薪制模式有许多优点，但是一个没有实施过年薪制模式的企业不能随时应用年薪制模式。要想有效地实施年薪制模式，企业还需要具备一定的实施条件。

（一）配套的管理体系

要想实施年薪制模式，企业要有一套相对完善的绩效指标和评价体系，要具备对自身经营状况和岗位贡献情况进行准确预估的能力，还需要形成一套科学、严谨的绩效指标来确立、修改和评估闭环管理体系。其中，绩效指标要全面反映企业的经营状况，为后续判断员工的浮动收入提供有力依据。

另外，对于年薪制模式中固定收入的制订和判断，以及固定收入加浮动收入后达到的最低值和最高值的参考，企业还需要制订一套相对完善的薪酬管理体系作为支撑。薪酬管理体系至少要做到能够匹配企业的战略，能够评估外部劳动力市场的状况，能够平衡内部的薪酬支付，以体现薪酬基本的竞争性和公平性。

（二）必要的宣传教育

任何一项制度的推行都免不了要实施宣传和教育。如果企业中实行年薪制模式的人员对年薪制没有概念，不清楚年薪制的薪酬设置，不清楚不同标准对应的浮动薪酬，体会不到年薪制的激励作用，那么年薪制模式就无法发挥相应的作用。对此，人力资源管理部门应当给予这类员工必要的宣传教育。

宣传教育不仅体现在对将要实施年薪制模式员工的“扫盲”上，还体现在向员工传达正确的薪酬观。企业可以通过薪酬方面的宣传和教育，让员工认识到自身薪酬的结构、来源、确立过程以及高低差异的原因或规则，以体现企业薪酬管理的透明性和公正性。

（三）有一定薪酬管理能力和经验的人员

薪酬管理的主要作用是发挥其激励性，但是不专业的薪酬政策不仅不会体现其激励性，还会产生许多负面效应。因此，主持设计和实施年薪制模式的团队中需要有较专业的人力资源管理专家，并且要具备一定的薪酬管理能力和实战经验。

年薪制模式中的固定薪酬和浮动薪酬之间的比例关系，浮动薪酬中短期激励和长期激励之间的比例关系，长短期激励中具体项目选择以及股权激励的操作实施等实施年薪制模式的关键操作，都需要具备专业能力和实操经验的人员或团队来引导企业稳步实施。

第三节　薪酬方案设计

薪酬方案的设计过程应以企业战略为依据，以现代薪酬理念为指导，以机构和岗位优化为基础，着眼于薪酬制度的创新，立足于解决实际问题、系统设计、配套实施，形成分配激励机制，从而实现调动企业管理者和员工积极性、创造性的目标。

一、薪酬方案设计策略

薪酬方案设计是一个系统的工程，整个方案设计过程应从企业战略出发、从人力资源管理体系出发、从企业配套改革出发、从薪酬管理系统出发。设计过程中要以工作分析为前提，以薪酬分配为主体，以绩效管理为依据，要与企业的其他改革相配套。

在实施薪酬方案设计之前，需要综合考虑、分析和判断的因素包括企业产权的改革情况、企业生产经营的特点、企业的经营环境、企业的经济效益情况、企业文化和队伍素质以及企业的发展阶段。

总而言之，薪酬方案设计策略需要综合考虑多个薪酬因素，具体内容如下。

第一，薪酬水平。与薪酬水平有关的薪酬策略包括代表高薪酬水平的薪酬领袖策略，代表中等薪酬水平的市场追随策略，代表低水平的市场拖后策略，以及几种策略混合使用的薪酬混合策略。

第二，薪酬结构。与薪酬结构有关的薪酬策略包括代表高激励性、低稳定性的弹性模式，代表高稳定性、低激励性的稳定模式，以及激励性和稳定性都居中的折中模式。

第三，薪酬模式。如果企业结构较为单一，要想使企业上下步调一致，薪酬形式统一，可以采取统一的薪酬模式；如果企业结构复杂，岗位层级较多，类型较为多样，要想对不同类型的员工采取不同的、有针对性的薪酬形式，可以采取多元化的薪酬模式；如果企业介于单一和复杂之间，允许薪酬形式不同，还强调主辅关系，可以采取一种薪酬模式为主、多种薪酬模式为辅的薪酬模式。

第四，薪酬差距。由于企业文化、经营理念、业务特点等的不同，在设计薪酬设计策略时，需要考虑企业中各个层级之间的薪酬差距。例如，强调竞争氛围、鼓励员工能力和绩效水平提升的企业要想拉大岗位层级之间的薪酬差距，可以采取薪酬层级差距较大的策略，激发员工的内升动力；强调平稳发展、追求细水长流的企业如果不想让不同员工层级的薪酬存在较大的差异，可以采取薪酬层级差距较小的策略。

第五，配套措施。人力资源管理部门在设计薪酬方案和薪酬制度时，要充分考虑到推行时的复杂程度和难易程度。如果设计的薪酬方案较为复杂，或者企业有组织结构改革的需要，那么薪酬策略中应配有较多的措施；如果设计的薪酬方案较为简单，或者企业没有组织结构改革的需要，那么薪酬策略中应配有较少的措施，或者不配有其他措施。

综上所述，薪酬方案设计策略是一个复合体，是多个薪酬方案所考虑因素中的一种或多种的组合。考虑的因素越全面，薪酬策略选择就越准确，薪酬方案设计的实用性就会越强。具体的考虑因素和策略选择需要视具体情况来确定。

二、薪酬方案设计流程

薪酬设计的流程步骤可以分成六个阶段。薪酬设计的六个阶段又可以细分成一套完整的薪酬设计流程，如图6-4所示。

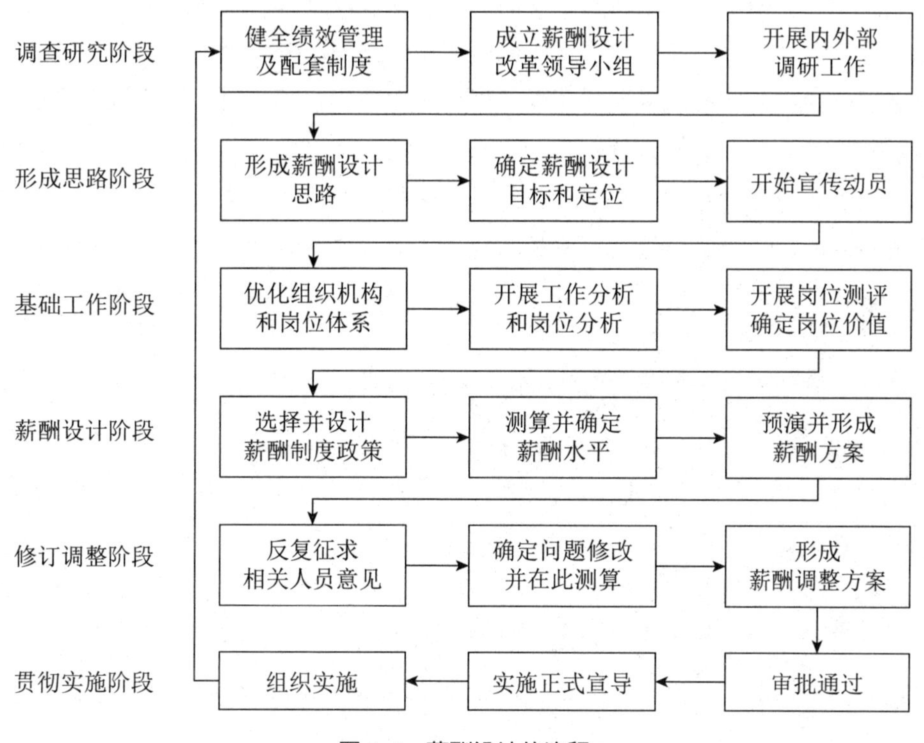

图 6-4　薪酬设计的流程

第一，调查研究。在薪酬设计的调查研究阶段，人力资源管理部门要了解本企业的基本情况，掌握外部市场（主要竞争对手或对标企业）薪酬的基本情况；要解决当前企业的薪酬分配制度中存在的问题，把握员工的思想状况，分析实施薪酬改革的利弊条件。

第二，形成思路。在薪酬设计形成思路阶段，人力资源管理部门要根据企业内外部的调查研究结果，提出薪酬设计的初步构想，并与必要的参与者反复讨论该构想，最终形成共识，确定薪酬方案设计的最终目标和定位，并展开薪酬设计变革的宣传动员工作。

第三，基础工作。在薪酬设计的基础工作阶段，人力资源管理部门首先要优化组织机构和岗位体系，然后进行全企业岗位分析、工作分析和岗位测评，最终形成岗位价值的排序。在此过程中，岗位价值的排序结果最好以量化的形式展现出来。

第四，薪酬设计。在薪酬设计的具体设计阶段，人力资源管理部门要根据企业战略选择合适的薪酬模式，根据需要设计薪酬制度政策，根据实际情况来确定相应的薪酬标准，根据测算预估可承受的薪酬预算，根据预演拟订待实施的薪酬方案。

第五，修订调整。在薪酬设计的修订调整阶段，人力资源管理部门应反复征求企业内外部相关层级相关人员的意见，解决薪酬方案中存在的问题，并再次确认并仔细测算薪酬方案的可行性，通过修改和调整得到最终版的薪酬设计方案。

第六，贯彻实施。在薪酬设计的贯彻实施阶段，人力资源管理部门应将薪酬设计方案上报相关领导层审定并批准。批准通过后，人力资源管理部门就可以开始在一定范围内对薪酬政策进行正式宣导，并组织分层、分类的落实与执行。

总而言之，薪酬设计的流程应是一个可以在内部不断调整、能够自洽的动态闭环管理过程。如果最终版的薪酬方案出现较大问题，人力资源管理部门可以反观和复盘整个过程，并在下一轮的薪酬设计流程开始之前提前预警。

三、薪酬制度编制方法

薪酬管理制度是企业制订薪酬设计方案后，为保证其持续有效的实施而形成的各种方法和模式以及工具的文书化、规范化、标准化文件的总称。企业的薪酬管理制度有广义和狭义之分：广义的薪酬制度是指与经济性薪酬和非经济性薪酬直接或间接相关的所有人力资源管理制度；狭义的薪酬制度是指与经济性薪酬直接相关的制度。

广义的薪酬制度是由一套薪酬相关制度组成的制度体系，其中包含的相关要素与广义薪酬概念里包含要素的关系是一一对应的。广义的薪酬制度可以分为经济性薪酬相关制度和非经济性薪酬相关制度两大类，其中经济性薪酬相关制度又可以分为工资分配制度、福利制度、保障计划、中长期激励制度等相关制度。

人们经常说的薪酬制度一般是指狭义的薪酬管理制度。狭义的薪酬管理制度只与薪酬的设计和发放有关，是一种企业上下都可以参考的薪酬规则文件。狭义薪酬管理制度的条文规定包含的要素通常有以下几点。

第一，薪酬基本原则。薪酬基本原则应表明薪酬管理制度的大方向和原则。例如，企业提倡什么，不提倡什么；企业将会奖励哪种类型的态度、行为或绩效评定结果，不希望看到或将惩罚哪种类型的态度、行为或绩效评定结果。

第二，薪酬水平标准。在确定薪酬水平标准之前，需要先规定企业划分的岗位类别和岗位层级。岗位类别可以根据族群、序列或者角色进行划分，岗位层级可以根据职等和职级进行划分。根据不同的岗位类别和岗位层级可以确定相应的标准薪酬水平，一般会形成一张清晰、明确的薪酬参照表，具体见表6-1。

表 6-1　薪酬参照示意表

职等	职级	X 类岗位	Y 类岗位	Z 类岗位
A	1			
	2			
	3			
B	1			
	2			
	3			
C	1			
	2			
	3			

第三，薪酬结构标准。薪酬结构应规定企业各岗位和各层级间不同的薪酬结构组成，包括基本工资组成、岗位津贴构成、岗位福利构成、绩效奖金构成、其他薪酬要素构成以及各项的比例关系。

第四，薪酬调整原则。薪酬调整原则应规定薪酬调整的程序、标准和方法。例如，薪酬多久调整一次，通过什么方式调整，在什么情况下员工的薪酬可以向上调整，在什么情况下员工的薪酬需要向下调整，在什么情况下员工不参与调薪，向上或向下调整的具体标准和依据是什么，等等。

第五，薪酬支付原则。薪酬支付原则应明确薪酬支付的具体时间、方式、频率和额度等，还应规定在薪酬支付后企业以何种方式告知员工其个人薪酬的发放结果及组成，以及如果员工对于个人所得薪酬数额存有异议应该通过何种方式传达个人意见。

第六，薪酬保密原则。薪酬保密原则应规定员工对于薪酬方面相关问题的保密程度以及接触薪酬的相关人员对于薪酬管理的保密程度；应规定关于薪酬事项中哪些事情员工可以参与讨论，哪些事情员工不应该讨论；还应规定如果员工讨论了不该讨论的事项或者接触薪酬的相关人员产生了不该有的行为，应该承担什么责任。

第七，薪酬建议原则。薪酬建议原则应明确员工如果对于企业现行的薪酬管理制度有任何意见或建议，应该通过哪些渠道进行反映；应规定薪酬管理的负责人应在员工提出意见和建议多久之内给予相应回复。

第八，津贴福利标准。津贴标准应明确不同层级、不同类别、不同岗位的员工能够获得的津贴标准。福利标准应规定企业范围内的全体员工可以获得的福利以及不同岗位、类别和层级的员工能够获得的不同的福利标准。

四、制订薪酬方案和薪酬制度的注意事项

人力资源管理部门在设计薪酬方案和编制薪酬管理制度时，不仅要注意薪酬方案策略的选择、薪酬体系的设计、薪酬方案的实施等要素，以保证薪酬管理的有效性，还要特别注意以下几点内容。

（一）要符合企业战略

薪酬方案和薪酬制度必须要紧密联系企业战略，这就要求人力资源管理部门在制订薪酬方案和制度时一定要明确企业的发展战略。只有明确了企业发展战略，薪酬方案和制度才能有针对性地提倡、规避或解决战略中存在的具体问题。由于企业战略是不断发展变化的，常常因时而异、因势而异，企业的薪酬方案和薪酬制度也应紧随战略而不断发展变化。

薪酬方案和制度符合战略是薪酬管理体现企业需要的核心能力的方式。企业需要的核心能力是能够让企业在市场竞争中处于优势的能力。企业中的员工越具备这种能力，企业的核心竞争力就越强。对此，薪酬方案和广义的薪酬管理制度体系都应当具备能力偏向的导向性，以鼓励员工发展和提高这类能力。

（二）要符合员工需求

因为薪酬方案和制度具备承接薪酬管理体系的特性，所以与薪酬管理体系相同，薪酬方案和制度也应体现薪酬的外部竞争性和内部公平性。在同类岗位、同等能力、绩效水平相同的情况下，员工内部的薪酬水平应保持一致，并且比外部市场的薪酬水平更符合企业的薪酬战略定位。

由于员工在不同阶段需求不同，企业应综合评估员工的不同需求，在充分考虑不同岗位和层级员工需求的基础上，制订有针对性的、能够尽可能满足员工不同类型需求的薪酬方案和制度。当薪酬方案和制度能够尽可能地满足员工需求时，才能留住员工，降低员工流失率。[1]

（三）不要操之过急、吹毛求疵

任何企业方案、制度或政策的制订过程都是一个不断探讨、不断调整和完善的过程。人力资源管理部门在制订薪酬方案和制度时，不要抱着一蹴而就的想法。如果遇到困难，不要强行推进，应停下来审视问题，找到问题的源头。与其实施一个与企业发展战略不适应的薪酬方案或薪酬制度，还不如不实施。

需要注意的是，由于企业中每个员工的教育背景、所处立场都存在差异，不可能存在一种让所有人都满意的薪酬方案或薪酬制度，人力资源管理部门只要确保制订的薪酬方案或薪酬制度能够让企业中80%以上的员工感到满意即可。

[1] 张仕武：《浅析制定企业薪酬福利制度应注意的问题》，人才资源开发，2015（20）：78。

第七章 人力资源管理之绩效管理

本章将主要阐述绩效管理的相关理论知识和应用，包括绩效、绩效考核、绩效管理概念的内容，绩效管理在整个企业经营管理与人力资源管理中的定位，正确实施绩效管理能够为企业创造的价值，常见的绩效管理工具，绩效管理的基本操作程序，绩效管理实操中的常见问题和误区，企业卓越绩效评价的准则内容等。

第一节 绩效管理的相关概念

一、绩效考核

（一）绩效考核的概念

科学的企业管理和人力资源管理要求企业能够通过某种方式，本着客观、公平、积极的原则，对企业各级员工进行准确的、系统的、持续的评价。绩效考核正是满足这一管理需求的工具。

绩效考核是指企业在既定的战略目标下，运用特定的标准和指标，对员工的工作行为和取得的工作业绩进行评估，并运用评估结果对员工将来的工作行为和工作业绩产生正面引导。绩效考核也可以称为“绩效评价”“绩效评估”

或“绩效考评”，具体是指企业将团队或个人对企业发展和战略实现的贡献情况转化成一整套标准的、可实施、可执行的绩效水平衡量体系，并在一段时期内，对企业目标的达成情况、个人工作成绩和工作能力做出判断。总之，绩效考核是绩效管理过程中的一环。

在整个绩效考核体系中，人力资源管理部门要运用科学的方法，评估团队和员工目标的完成情况、员工工作职责的履行情况以及员工能力的发展情况等。绩效考核的整个过程应当以成本代价为基础，关注绩效达成的整个过程，并以绩效结果为导向。

（二）绩效考核的内容

绩效考核产生的结果是在员工具备一定潜能（包括素质、能力）的基础上，通过正确的行为，最终产生想要的工作结果。潜能是基础，表现的是员工“能做什么”；行为是手段，表现的是员工“怎么做”；结果是目的，表现的是员工“做到了什么”。将潜能、行为和结果进行细分，绩效考核评价的内容包括“德、勤、能、绩”四个方面。几乎所有的绩效考核评价，都是围绕这四个方面展开的。

德是指员工的个人品德、职业道德、工作作风等思想状态，是员工最根本的素质。

勤是指员工工作中勤勉的工作态度和责任心，是与德紧密相关的品质，是德在工作中外在行为的体现。勤通常表现为员工工作的积极性、责任感、纪律性、投入性、出勤率、服务意识、奉献意识等。

能是指员工的知识水平、身体能力、工作需要的技能和能力，是员工分析和解决问题的能力和可能性。其中，知识水平包括文化程度、专业知识、工作知识等；身体能力包括年龄和健康状况；工作需要的技能和能力包括沟通能力、领导能力、管理能力、谈判能力等。

绩是指员工的业绩和效率，是员工对企业的贡献，是一种结果，是员工完成工作的数量和质量。绩通常表现为员工是否能够按时、保质、保量地完成工作要求的任务目标，工作是否有成果，是否达到了应有的业绩。

总而言之，完整的绩效考核内容应当包含“德、勤、能、绩”四个方面，缺少哪个方面，都会使绩效评价不完整。需要注意的是，根据岗位、职位等工作属性和特点以及员工所处时期的不同，绩效考核在“德、勤、能、绩”四个方面的权重也应当有所不同。

二、绩效管理

（一）绩效管理的概念

绩效管理是指各级管理者和员工为了达到某项目标，共同参与的绩效目标选择、绩效计划制订、绩效辅导沟通、绩效考核评价、绩效结果应用、绩效目标提升的持续循环管理过程。绩效管理的最终目的是持续提升个人、部门和企业的绩效。

绩效管理能够使企业、管理者与员工形成三赢局面。在绩效管理的过程中，管理者和员工通过讨论和辅导的方式，确定员工能成功达到目标的管理方法。管理者和员工的相互作用，再与企业目标进行交互作用，最终可以实现企业的目标。在绩效管理中，企业、管理者和员工三者之间的关系如图7-1所示。[1]

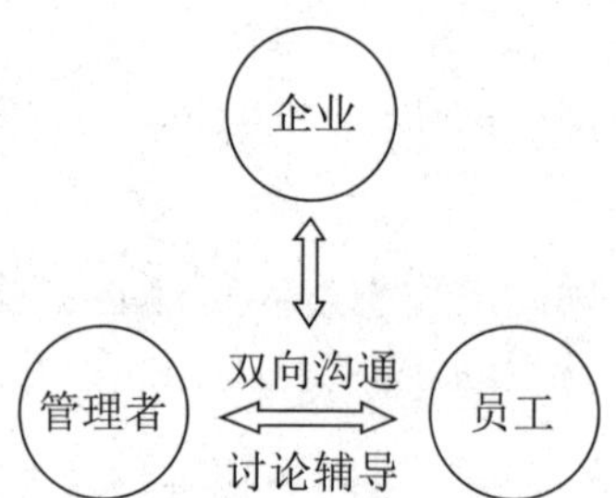

图7-1　绩效管理中企业、管理者和员工之间的关系

需要注意的是，绩效管理不是简单的任务管理或目标管理，它强调的是在整个管理过程中沟通、辅导及员工能力提高的重要性。也就是说，绩效管理不仅强调结果导向，特别重视达到目标的过程。此外，绩效管理与绩效考核之间也存在着一定的联系和区别。绩效考核反映的是过去的绩效结果，而绩效管理则更强调未来的绩效提升。绩效管理离不开绩效考核，绩效考核与绩效管理紧密联系。只有在绩效管理中有效地运用绩效考核，才能有效地监控和管理绩效

[1] 任康磊：《绩效管理与量化考核从入门到精通》，北京：人民邮电出版社，2019。

结果，从而实现绩效管理的目标。

（二）绩效管理的程序

通用的绩效管理程序可以分成六步，分别是绩效指标分解、绩效计划、绩效辅导、绩效评价、绩效结果反馈和绩效结果应用。不是所有企业在实施绩效管理时都需要把绩效管理的全部程序做全做精。对于一些处在初创阶段，规模较小，或者实施绩效管理时间并不长的企业而言，在推行实施绩效管理时，可以在理解绩效管理各项程序的含义之后，对其中一些程序进行简化处理。对于已经进入成熟期、经营稳健的企业，或者企业各级人员对绩效管理的各项程序已经比较熟悉且有能力实施全部程序的企业而言，应当按照绩效管理的通用程序实施绩效管理，并应当追求管理的精细化。

第二节　绩效管理的内涵

绩效管理在人力资源管理中处于核心地位。通过绩效管理对企业战略的传承和目标的分解，通过对人力资源规划的支持，通过与招聘管理、培训管理、薪酬管理及员工关系的交互作用，可以实现企业的经营战略和发展目标。鉴于此，本节将对绩效管理的内涵展开分析。

一、绩效管理与企业经营

绩效管理能够帮助企业梳理创造价值的过程，帮助企业清晰地认识到价值创造的整个链条，找到其中的关键价值点，并充分发挥其价值。企业经营创造价值的过程如图7-2所示。

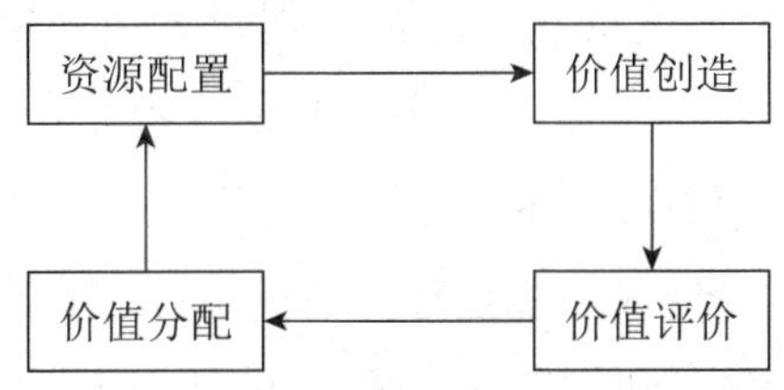

图7-2　企业经营创造价值的过程

在资源配置的环节中，员工的配置起到了关键作用。在这一环节中，人力资源管理部门应根据企业战略制订人力资源规划，并在企业中合理配置人力资源。此外，招聘管理和人员配置等人力资源管理工作在这一环节中为资源配置奠定了基础。

在价值创造的环节中，岗位管理中的岗位分析，能力管理中的人才胜任力模型以及人才的能力培养和开发都起到了关键的作用。在这一环节中，人力资源管理部门应当为企业的价值创造提供人才的“能力要素”，要想方设法培养人才的能力。同时，人力资源管理部门要为员工营造良好的环境，让员工更容易、更好地为企业创造价值。

在价值评价的环节中，绩效管理起到了关键作用。在这一环节中，人力资源管理部门和相关部门的负责人要对员工工作过程和结果进行评估，在工作过程中应给予员工充分的辅助，帮助员工达成绩效目标，并最终评价员工的绩效目标完成情况。

在价值分配的环节中，薪酬管理和绩效管理共同发挥着关键作用。在这一环节中，企业会根据管理者和员工价值创造的情况、价值评价的结果采取一定的分配形式，进行经济利益的分配。在经济利益分配环节之后，企业要根据当前的价值创造以及基于企业战略未来的价值创造情况，重新评估资源配置。

二、绩效管理与人力资源规划

除了从属的指令关系之外，绩效管理与人力资源规划之间的作用关系主要还体现在三个方面，一是岗位分析，二是人力资源配置，三是人力资源质量的测评和预测。

（一）岗位分析

绩效管理与岗位分析之间相辅相成，岗位分析是绩效管理的基础，绩效管理又为岗位分析提供支持和促进作用。岗位分析的直接输出结果是岗位说明书，岗位说明书是将岗位的职责、权限、任职资格、工作内容等具体化的过程，也是企业制订人力资源规划和进行人力资源管理的基础。

绩效管理需要在岗位分析和岗位说明书的基础上展开实施，岗位分析的细致程度和岗位说明书的准确程度直接决定了绩效管理方案的科学性、有效性和可操作性。在绩效管理过程中发现的问题可以进一步为企业进行岗位分析和岗位说明书的编写提供理论依据和借鉴意义。

（二）人力资源配置

通过绩效管理，企业可以发现员工的能力、行为、工作业绩中存在的问题和需要改进的地方。既可以为员工是否适合或适应现在的岗位提供依据，又可以通过评估发现员工擅长从事哪类工作、适合从事哪类岗位工作。

（三）人力资源质量的测评和预测

通过有效的绩效管理体系，企业不仅能够对员工当前的知识和能力水平做出准确的评价，还能够评价企业现有的人力资源质量，进而为未来人力资源的供给和需求质量的预测提供有价值的信息。

三、绩效管理与薪酬管理

绩效管理与薪酬管理之间的关系非常直接。绩效管理是薪酬管理的基础之一，建立科学的绩效管理体系是进行薪酬管理的首要条件。绩效考核的结果将直接决定员工的绩效工资和奖金。针对员工不同的绩效表现，应及时给予其相对应的薪酬奖励，合理地引导员工的工作行为，确保企业目标与员工目标保持一致；同时还应提高员工的工作积极性，促使员工的能力、效率和业绩持续提升。

薪酬管理和绩效管理需要紧密联系在一起，才能发挥出彼此的作用和价值。二者相互作用，相互促进，相辅相成，缺一不可。有效的薪酬管理能够促进企业绩效的提升。员工的态度和技能水平直接影响着绩效，有效的薪酬管理具备激励效应，能够提高员工的技能水平，激发员工的积极性，最终提升企业的效能。

四、绩效管理与招聘培训

绩效管理通过对员工的绩效进行评价，能够对不同招聘渠道所招聘员工的质量做出比较，从而实现对招聘渠道的优化。对员工绩效的评价是检测招聘管理系统有效性的一个重要手段，招聘管理也会对绩效管理产生影响。如果招聘管理的质量较高，甄选录用员工的态度、能力以及与岗位的匹配程度都比较高，员工在工作中就会输出良好的绩效，可以大大减轻绩效管理的负担。

绩效管理中的绩效评价结果能够为培训需求的分析提供重要信息。人力资源管理部门可以根据绩效评价的结果不断完善员工的培训管理方案。员工的培训与开发作为一种激励员工的手段和提高能力的方法，对于提高企业绩效有重要的作用。确定培训开发的内容也需要以绩效考核结果为基础，只有通过绩效管理中的绩效考核和绩效结果反馈才能确定企业中有怎样的人力资源，需要什么样的培训，需要培训哪些知识和技能。员工培训是系统化的行为改变过程，可以改善员工的工作绩效，实现企业的战略目标。通过对员工的培训与开发也可以弥补绩效管理中发现的不足，进而重新制订或调整相应的绩效评价指标或权重。

第三节　绩效管理的作用及发挥作用的任务和要求

企业的运行与发展是战略规划、目标设定和绩效管理三个方面的共同作用。其中，绩效管理是核心环节，是推动企业发展的发动机。没有完善的绩效管理体系，就无法激发员工的主动性和工作热情。基于此，本节将对绩效管理的作用及发挥作用的任务和要求展开分析。

一、绩效管理的作用

（一）做绩效管理的原因

在研究绩效管理的具体作用之前，首先要知道为什么要进行绩效管理。管理学著名的“林格尔曼效应”实验来源于法国农业工程师迈克西米连·林格尔曼（Maximilien Ringelmann）的“拉绳子”实验。林格尔曼让力气相近的不同数量的人拉绳子，然后测量了绳子的拉力和平均每个人的拉力数值，其结果见表7-1。[1]

[1] 任康磊：《绩效管理与量化考核从入门到精通》，北京：人民邮电出版社，2019。

表7-1 林格尔曼拉绳子实验结果

情况	实际测得拉力（千克）	平均1人拉力（千克）
1人拉绳	63	63.0
2人拉绳	118	59.0
3人拉绳	160	53.3
8人拉绳	256	32.0

从林格尔曼拉绳子实验的结果能够看出，参与的人数越多，平均每个人的拉力就越小。8个人一起拉绳子的实际拉力近似等于4个人分别拉绳子的拉力之和，也就是出现了“1＋1＜2”的奇怪现象。这个实验结果说明当人们参加社会集体活动时，个体贡献会随着人数的增加而逐渐减少。这是集体劳动中存在的普遍特征——人与生俱来的惰性。林格尔曼将其称为“社会惰性”。林格尔曼效应与中国俗话里的“一个和尚挑水喝，两个和尚抬水喝，三个和尚没水喝”“猫多不抓鼠”的道理类似。

通过林格尔曼效应反观企业实务，企业的人员数量越多，员工个体对于企业的贡献就越难划分清楚，员工作为个体对企业目标和任务的责任感就会越小。如果没有一套管理机制链接企业和员工的目标，员工将会感到自己对企业的贡献可大可小、可有可无，从而付出较少的努力。

当一个人面对一条沟时，平时跳过去可能会比较吃力，但是当这个人的身后有几匹饿狼正在追赶他的时候，他会在奔跑中不自觉地轻松跨过这条沟。实际上，人都具备自己没有意识到的巨大潜力，如果没有刺激和激励，这种潜力也许不会发挥出来。在企业中，最长久有效的激励手段就是建立责任权利对等的员工任用体系以及员工工作的评价体系。企业检查什么，员工就会做什么；企业衡量什么，最终就会得到什么。

（二）绩效管理的作用

绩效管理在企业中发挥着以下三个方面的作用。

第一，战略方面。通过对企业战略目标的层层分解，能够把绩效指标和行动计划落实到员工的个人层面，从而把员工的日常工作活动与企业战略目标连接在一起。当员工达成绩效时，企业的绩效也能够达成。

第二，管理方面。通过推进和实施绩效管理，不仅能够全面提升企业的管理质量，还能够为企业在机构与岗位的设置定位、员工晋升、员工调岗、员工任免、员工薪酬的升降等各类管理决策中提供必要信息和有力依据。

第三，发展方面。通过绩效考核，能够反映员工在素质、能力和业绩方面的差异。员工可以对自身的弱项进行有针对性的查漏补缺，能够逐渐实现企业人力资本的增值，为企业的持续发展奠定基础。

总而言之，绩效管理的核心作用是在追求企业资源利用最小化的同时，追求企业结果和价值的最大化。在此过程中，通过对员工的持续激励和反馈机制，可以创造和保持良好的企业氛围，帮助企业强化自身的竞争优势。

二、绩效管理发挥作用的任务和要求

通过绩效管理，企业能够直接关注并影响到员工的工作任务、绩效考核、职业发展和员工个人生活四大领域。然而，有效地处理好这四大领域之间的关系，对于管理者需要完成的任务和需要具备的能力提出了明确的要求。

（一）工作任务领域

在工作任务领域，绩效管理对管理者任务和能力的要求见表7-2。

表7-2　工作任务领域管理者的任务和能力要求

<table>
<tr><td rowspan="4">管理者的任务</td><td>保证员工有明确的工作任务</td></tr>
<tr><td>保证员工按要求的标准操作</td></tr>
<tr><td>保证员工在规定的时间内完成</td></tr>
<tr><td>让员工对工作任务趋于熟练化</td></tr>
<tr><td rowspan="5">管理者需要具备的能力</td><td>能够识别出工作任务的要求及判断出下级员工的工作能力</td></tr>
<tr><td>能够分析员工的能力是否达到了工作要求</td></tr>
<tr><td>能够向员工介绍清楚工作任务的具体要求</td></tr>
<tr><td>能够在必要时向员工传授所需要的知识和技能</td></tr>
<tr><td>能够检查员工的工作过程，给予其支持并评价其工作任务结果</td></tr>
</table>

（二）绩效考核领域

在绩效考核领域，绩效管理对管理者任务和能力的要求见表7-3。

表7-3　绩效考核领域管理者的任务和能力要求

管理者的任务	保证绩效结果能达到企业要求
	分析绩效下降的原因
	激发员工提高自身技能水平
	为员工的学习和发展创造更多的机会
管理者需要具备的能力	能够识别工作任务的要求以及判断下级员工的工作能力
	能够诊断员工在效率上出现问题的原因
	能够给员工提供支持和适度的挑战
	能够和下级员工一起总结经验，并获得最大的收益

（三）职业发展领域

在职业发展领域，绩效管理对管理者任务和能力的要求见表7-4。

表7-4　职业发展领域管理者的任务和能力要求

管理者的任务	挖掘员工职业发展的潜力
	帮助员工做出最适当的选择
	对员工在职业生涯的抉择提出建议
	支持员工达到预期目的
管理者需要具备的能力	能够了解员工的内在的需求和动机
	能够评价员工职业发展的愿望与自身能力是否相称
	能够为员工设计职业生涯发展的最佳途径
	能够协助员工制订并实现其职业生涯的具体策略

（四）员工个人生活领域

在员工个人生活领域，绩效管理对管理者任务和能力的要求见表7-5。

表7-5 员工个人生活领域管理者的任务和能力要求

管理者的任务	弄清楚员工个人生活问题的本质以及对绩效的影响
	帮助员工协调个人生活与企业利益之间的关系
	策划并帮助员工达到预期的生活目标和方案
	适时地、有感情地表达自己对员工的支持
管理者需要具备的能力	能够清楚自己能为员工提供帮助的边界
	能够帮助员工思考他们所面临的问题
	能够倾听并总结员工的真实需求
	能够帮助员工找到处理问题的最佳方法

第四节 绩效管理常见工具

绩效管理的工具多种多样，比较常见的有目标管理（Management by Objectives，简称“MBO”）、关键过程领域（Key Process Area，简称“KPA”）、关键结果领域（Key Result Areas，简称“KRA”）、关键绩效指标（Key Performance Indicator，简称“KPI”）、目标与关键成果法（Objectives and Key Results，简称“OKR”）、平衡计分卡（Balanced Score Card，简称“BSC”）和360度绩效评估（360° Feedback）等方法。这些方法没有好坏之分，只是它们的侧重点不同，适用于企业的不同管理阶段。对此，企业应该根据自身的经营管理状况，选择最适合自身发展阶段的方法。

一、目标管理

（一）目标管理的概念

目标管理最早是由管理大师彼得·德鲁克（Peter Drucker）提出的。德鲁克指出，并不是因为有了工作才有目标，而应是因为有目标才有了工作岗位。管理者应该通过目标管理下级。当企业目标确定后，各级管理者必须对其进行有效分解，将其转变成每个部门和岗位的子目标。企业中的各级管理者应该根据部门和岗位子目标的完成情况对下级进行评价、考核和奖惩。

（二）目标管理的特点

目标管理的特点主要表现在以下四个方面。

第一，具备明确的目标。目标的重要性无须陈述。目标要符合 SMART原则，即目标必须是具体的（specific）、可以衡量的（measurable）、可以达到的（attainable）、与其他目标具有一定相关性的（relevant）、有明确截止期限的（time-bound）。

第二，各层级参与决策。与传统企业中上级向下级直接下达命令、传达任务目标不同，目标管理的方法强调让下级参与到目标的制订过程之中，通过上下级共同协商的方式，让上级和下级一起制订企业整体、业务单位、经营单位、部门直至个人等各个层级目标。这样一来，目标的制订过程不仅是“自上而下”的，同时也是“自下而上”的。[1]

第三，规定出具体时限。根据 SMART原则，目标管理中的每项目标都有时效性的要求。目标期限有一个月、一季度、半年度、一年度、三年度、五年度之分。一般情况下，越靠近企业层面，目标设置的时间越长；越靠近个人层面，目标设置的时间越短。

第四，反馈目标的结果。目标管理强调员工的上级领导和员工一起进行定期检查、评估目标，并将结果持续反馈给员工。在整个过程中，上级领导要持续地引导员工自己评价预先设定好的目标，鼓励员工觉醒自我发展的意识，激发员工的内升动力。

（三）目标管理的优缺点

目标管理的优点包括能够帮助企业、部门和员工明确工作任务和目标；能够切实提高企业的管理效率，保证目标的达成；能够通过目标对比，让企业内部管理实施有效控制；能够通过目标和奖励之间的联系，形成有效激励；能够通过明确岗位的具体目标，帮助员工实行自我管理。

---

[1] 李心愿：《基于目标管理的地方本科高校辅导员绩效考核研究》，桂林：桂林理工大学，2019。

目标管理的缺点包括有时强调实现短期目标，对企业的长远发展不利；目标设置有时比较困难，难以选定或难以量化；目标在执行过程中很难进行调整，无法适应环境的变化。

二、关键过程领域

关键过程领域是指企业为了达到某个目标或得到某种结果需要解决的具体的、关键的问题。当某一任务目标在短时间内难以实现量化时，可以将完成它所必须经历的关键过程分解为具体的行为或动作，形成多个小目标。通过对这些小目标的完成情况进行评估，得到考核管理的结果。

对于一些难以将考核指标量化的部门（如行政办公室），可以通过关键过程领域工具进行考核。关键过程领域也是进行短期计划的常用工具（如日计划或周计划）。每一个关键过程领域都包括六个方面，即目标、执行任务、执行能力、最佳实践、衡量与分析和执行验证。总而言之，对于关键过程领域的梳理过程，不仅是大目标在过程层面的分解过程，还是进一步明确实现目标需要具备何种能力的过程。

三、关键结果领域

（一）关键结果领域的概念及关键点

关键结果领域是指企业为了实现战略目标、使命和愿景，必须要实现的、最不可替代的、最关键的、最核心的、最能达到企业期望的结果。这些结果对企业的未来发展具有至关重要的作用。

关键结果领域一般可以通过以下关键点进行分析：时间，如项目截止日期、生产截止日期、交货日期等；数量，如产量、库存、销售收入、实现利润等；质量，如产品质量要求、顾客满意度、员工满意度等；成本，如产品成本、管理成本、销售成本、服务成本等。[1]

[1] 秦性才，蔡厚清：《企业人力资源管理部门KPI体系设计》，交通企业管理，2011（1）：37-39。

（二）关键结果领域的描述

使用关键结果领域的原则是描述结果而不是描述过程、程序、工具；描述产出而不是描述投入、付出、努力；描述目的而不是描述手段、方法、行为。例如，一位木匠准备为一位顾客做一套家具，他对关键结果领域正确的和错误的描述见表7-6。

表7-6　关键结果领域描述举例

错误的描述	正确的描述
买材料	完成 2 张床、8 把椅子、1 张桌子、3 个柜子
画图纸	必须在 10 天内完成
锯木板	购买材料的成本不能超过 5 000 元
钉钉子	保证质量达到公司产品的出厂要求
组装	保证顾客验收产品时满意

与错误的描述相比，正确的描述不是聚焦在过程、行为、投入、活动或程序的层面，而是梳理了要想顺利完成任务（产品交付且顾客满意）所要实现的结果。当这些结果全部实现时，最终的任务目标也就实现了。

四、关键绩效指标

（一）关键绩效指标的概念

关键绩效指标是指通过对企业内部流程输入和输出的关键参数进行设置、取样、计算、分析，以衡量绩效的目标式量化管理指标。这既是对企业实现战略目标所需关键成功要素的归纳和提取，又是企业中最常被用来衡量不同部门或岗位人员绩效表现的量化指标。[1]

关键绩效指标来自对企业战略目标的分解，是对企业战略目标进一步的细化和发展。如果企业的战略重心发生转移，战略目标发生变化，关键绩效指标也必须随之进行相应地调整，以重新适应和承接企业新的战略。

[1] 秦性才，蔡厚清：《企业人力资源管理部门 KPI 体系设计》，交通企业管理，2011（1）：37-39。

实施关键绩效指标的绩效管理工具，有助于根据企业战略目标和发展计划来制订部门和岗位的业绩指标，将部门和个人的目标与企业的目标联系起来。关键绩效指标是进行绩效评价的依据，通过对关键绩效指标的实时监测，能够及时发现部门或岗位存在的问题，并通过反馈机制促使部门或个人及时改进，进而引导企业向期望的目标和方向发展。

（二）关键绩效指标的优缺点

关键绩效指标的优点包括考核目标明确，有利于企业战略的实现；关注客户价值，有利于企业形成市场导向的经营理念；有利于把企业利益和个人利益绑在一起，在员工个人目标实现的同时实现企业目标。

关键绩效指标的缺点包括界定关键绩效指标比较困难；关键绩效指标中量化指标较多，虽然这些量化指标有时在理论上能够帮助员工更好地完成自己的工作任务，但是不一定会对企业的绩效产生积极影响；关键绩效指标容易让评价者陷入一种机械、死板的考核方式，过分强调指标是否达成，而不考虑环境因素、弹性因素以及主观因素；关键绩效指标并不适合所有的岗位。

五、目标与关键成果法

（一）目标与关键成果法的概念及特点

目标与关键成果法最早是在20世纪七十年代左右，由美国著名企业家安迪·葛洛夫（Andy Grove）提出并实践的，但真正让目标与关键成果法成为广为人知的绩效管理工具的事件是风险投资之王约翰·杜尔（John Doerr）将目标与关键成果法引入谷歌管理体系，使其成为谷歌的考核制度并沿用至今。目标与关键成果法是指在一定的时间维度内（如年、季、月等）制订一个或者几个目标以及衡量目标是否达成的关键结果，并在这段时间结束后对结果进行评估。

目标与关键成果法有两个典型特点：一是让每个岗位都能明确工作的重心，而不是设置大量的关键绩效指标；二是实现对全员公开透明，以免某岗位人员因为原本的岗位职责或工作惯性所限而偏离了方向。在谷歌公司引入目标与关键成果法的同一时期，甲骨文公司（Oracle）及其他一些公司也开始陆续实施类似的绩效管理工具。

（二）目标与关键成果法与关键绩效指标的不同

目标与关键成果法与关键绩效指标最大的不同之处在于以下几方面。

第一，目标数量不同。使用目标与关键成果法时，每个团队或个人最多设置5个目标，每个目标一般包含4个关键结果；而使用关键绩效指标时，一般每个部门或岗位要设置5～8个指标。

第二，公开透明。使用目标与关键成果法时，每个人的目标在整个企业内都是公开透明的，有利于使员工的思维紧跟企业的目标和团队的目标；而使用关键绩效指标时，很少公开具体指标。

第三，目标来源不同。使用目标与关键成果法时，60%的目标都来源于底层员工，因为底层员工与客户的接触更为密切，对工作的要求也更加实际；而关键绩效指标更多的是自上而下的目标分解过程。

第四，工作重心不同。目标与关键成果法剥离了员工直接利益因素，其结果不直接用于考核。目标与关键成果法使企业的工作重心由考核回归到了管理，这与传统的关键绩效指标考核大不相同。[1]

（三）目标与关键成果法的优缺点

目标与关键成果法的优点包括能够充分调动员工的积极性和主动性；能够让岗位工作的内容更加丰富灵活；有利于强化企业整体的创新和创造力。

目标与关键成果法的缺点包括不适合生产经营比较稳定的传统制造业，更适合高新技术企业或者知识型的岗位；需要员工具备较高的职业素养和职业技能。

六、平衡计分卡

（一）平衡计分卡的概念

平衡计分卡是由美国哈佛商学院[2]的教授罗伯特·卡普兰（Robert S.

[1] 杨蓉：《浅谈目标与关键成果法及其在绩效管理系统中的应用》，科技经济市场，2019（7）：98-101。

[2] 哈佛商学院（Harvard Business School，简称“HBS”）是美国培养企业人才最著名的学府，被美国人称为培养商人、主管、总经理的“工厂”。

Kaplan）和美国复兴全球战略集团创始人兼总裁戴维·诺顿（David P. Norton）共同创建的。平衡计分卡的核心内容是通过财务、客户、内部经营过程以及学习与成长的指标之间相互驱动的因果关系，展现企业的战略轨迹，实现从“绩效考核”到“绩效改进”，从“战略实施”到“战略修正”的目标。平衡计分卡中的每项指标都是一系列因果关系中的一环，它们将企业的目标和相关部门的目标联系在一起。

对于不同的企业或企业发展的不同阶段，平衡计分卡可以发挥不同的功能。例如，利用平衡计分卡可以实现传统企业与新战略的衔接，平衡计分卡可以作为实施企业战略的工具、完成重要管理过程的企业核心管理系统，以及企业目标体系建设和业绩控制、衡量的系统手段等。

（二）平衡计分卡的衡量维度

作为一套完整的业绩评估系统，平衡计分卡可以从四个层面来衡量企业的经营情况，体现企业价值创造的全过程。[1]

1. 财务层面

这个层面是从股东的视角看待企业的成长、盈利能力和风险情况的，是企业从财务结果上的直观表现。常见的指标有营业收入、资本回报率、利润、现金流、经营成本、资产负债率、项目营利性等。

2.客户层面

这个层面是从客户的视角看待企业创造的价值在外部市场体现出的差异化，是客户对企业感受的直接表现。常见的指标有市场份额、客户满意度、客户忠诚度、价格指数、客户保留率、客户获得率、客户利润率等。

3.内部经营层面

这个层面是从经营管理的角度看待内部流程为业务单元提供的价值，是产生结果之前的重要过程管控。常见的指标有新产品开发时间、产品质量、生产效率、生产成本控制、返工率、安全事故件数等。

[1] 齐永智，闫瑶：《平衡计分卡视角下高校翻转课堂教学质量评价》，高等财经教育研究，2019（01）：54-60。

4.学习与成长层面

这个层面是从创新和学习的角度来评价企业的运营状况的，是关注企业未来是否有持续稳定发展的人力资源的指标。常见的指标有员工满意度、员工离职率、员工生产率、人均培训时间、合理化建议数量、员工人均收益等。

（三）平衡计分卡的衡量指标

通常情况下，平衡计分卡的衡量指标可以分为三大类。

第一类是结果类指标和驱动类指标。结果类指标是指说明绩效结果的指标，一般属于滞后指标，是用来提醒企业发生过的事情及结果；驱动类指标是指提前指标，反映的是企业在实施战略时，关键领域的某些进展将如何影响绩效的结果，完成该指标可以获得良好的绩效或提前预防风险发生。

第二类是内部指标和外部指标。内部指标是指基于企业内部经营管理而产生的指标，如生产效率、产品合格率、员工满意度等；外部指标是指基于企业外部的利益相关者及全社会而产生的指标，如客户满意度、企业的社会声誉、产品的市场形象等。因为内部指标相对可控，企业要想提升核心竞争力，通常会在稳定内部指标的基础上，考虑如何提升外部指标。

第三类是财务指标和非财务指标。财务指标是指可以用财务形式计算出来的指标，如收入、成本、费用等；非财务指标是指无法用财务数据计算的指标，如方案类的指标，其评价标准往往在于上级领导或者评审小组的主观判断。

（四）平衡计分卡的优缺点

平衡计分卡的优点包括对于战略目标的具体、分解和细化考虑到位；能够把企业的战略目标落实到实际行动中；能够实现企业短期利益和长期利益的相互结合。

平衡计分卡的缺点包括实施过程的难度较大，对实施者的能力提出了较高的要求；实施过程的工作量较大，在短时间内很难实现；很难有效地将目标落实到具体的岗位；没有很好地体现实现目标岗位需要什么条件。

七、关键成功要素

（一）关键成功要素的概念及作用

关键成功要素又叫作“薪酬全绩效模式”，是一种对员工进行价值管理的工具。这种工具把员工的薪酬和企业想要的绩效全面融合，寻找两者之间的平衡点，从而让员工和企业形成利益共同体，实现共创和双赢。关键成功要素不仅着眼于绩效的优化，更致力于同步提升员工的收入，以激发员工的工作热情和创造力。

一方面，关键成功要素从员工的外部动力向内部动力开发，增强员工的利益驱动；另一方面，关键成功要素强调让员工为自己工作，为了企业和员工共同的目标而工作。综上所述，关键成功要素既是绩效优化的方案，也是员工薪酬改革的方案。当每个岗位都能拿到高薪时，企业的业绩也必然会超额达成。

（二）关键成功要素的优缺点

关键成功要素的优点包括能够激发员工的原动力，激发员工的创造力；能够使薪酬和绩效完全融合，充分挖掘员工的潜能；能够让全体员工都参与到企业经营中来，实现利益共享。[1]

关键成功要素的缺点包括关键要素选取设置比较困难，数据准确度较低；实施不当可能会导致员工工资减少，引起员工的反感；需要获得员工的理解，员工需要对此方法和过程有一定的认识。

八、360度绩效评估

（一）360度绩效评估的概念

360度绩效评估最早是由英特尔公司（Inter Corporation）提出并实施的。它是让员工的直接上级、直接下级、关联方、顾客以及员工本人对员工的绩效进行全方位的评估。被评估者不仅可以获得来自各方的反馈，还可以从不同角度

[1] 张喆，黄沛，张良：《中国企业ERP实施关键成功因素分析：多案例研究》，管理世界，2005（12）：137-143。

的反馈中更清晰地了解到自己的优势与不足。360度绩效评估中的被评价者与各方的关系如图7-3所示。

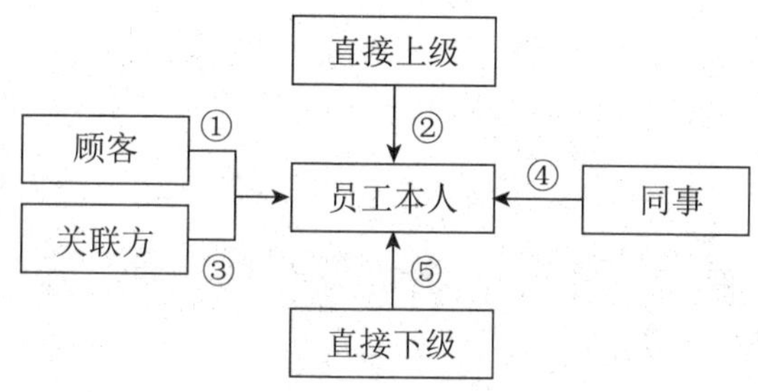

图7-3 360度绩效评估中被评价者与各方的关系

在360度绩效评估中（以图7-3为例），不同关系间设置的权重比例一般为①>②>③>④>⑤。例如，可以将图7-3中的①②③④⑤分别设置为30%、25%、20%、15%、10%。

（二）360度绩效评估的优缺点

360度绩效评估的优点是避免了只有上级考核下级时可能出现的绩效评判错误；能够从多个角度评估员工的绩效，使绩效评估结果更加准确、公正；更强调对内外部客户的服务，能够提升企业的运行效率；能够实现对员工的态度、能力、素质更为全面的考核；能够提高考核的全面性和公正性，增强员工的参与感；能够在一定程度上防止员工做出一些急功近利的行为。❶

360度绩效评估的缺点包括实施起来较为复杂，花费时间较长，评价成本较高；容易成为某些员工报复私人恩怨的途径，导致公报私仇；因全员参与，对员工进行评价标准、打分规则培训的难度较大；若培训或管理不到位，打分和最终结果容易流于形式。

❶ 王珊：《360度绩效评估在高校绩效管理中的应用》，重庆职业技术学院学报，2006（4）：25-27。

第八章　绩效评价方法和策略探究

为了使绩效管理能够在企业中得到有效应用，本章将对绩效评价的方法和策略展开探究。

第一节　绩效评价的主要方法

绩效评价是对员工的绩效结果做出评价的过程。绩效评价常用的方法有关键事件法、行为锚定等级评价法、行为观察量表法、加权选择量表法、强制排序法、强制正态分布法以及奖罚在绩效管理工作中的应用。绩效信息的收集是绩效评价工作的前提，如何收集到真实有效的绩效信息和数据，关系到企业绩效管理能否有效实施。鉴于此，本节将对绩效评价中常用的六种方法展开研究。

一、关键事件法

关键事件法以事实为依据，因此评价者在进行绩效评价时，不仅要重视对行为本身的评价，还要考虑到行为所处的情境。关键事件法评价的内容通常是被评价者的特定行为，而不是被评价者的个性、态度或者品质。

（一）如何应用关键事件法

关键事件法比较适合用来评估岗位职责，难以量化。关键事件法可以为员工提供明确的信息，让他们知道自己在哪些方面做得比较好，在哪些方面还有进步空间，还可以使员工获得岗位的静态情况与动态情况。

关键事件法需要认定员工为了完成工作任务需要做出的相关行为，并选择最重要、最关键的行为进行记录并评判其结果。当然，这些行为有时是积极的、企业想看到的，有时是消极的、企业不想看到的。在应用关键事件法时，目标岗位的上级会收集下属履行职责过程中的一系列行为。通过对最成功、最有效的事件中的行为和最失败、最无效的事件中的行为进行分析和评价，通过上级与下级的面谈讨论后，可以得出被评价者的绩效。

关键事件描述的内容包括事件发生的背景或原因、员工的有效行为、员工的无效行为、员工关键行为的结果、员工能否控制行为结果。在上级管理者和下属之间总结和运用这些信息之后，人力资源管理部门可以汇总各岗位的关键事件情况并进行分析记录，以总结不同岗位的关键行为和关键行为的具体要求。[1]

总而言之，要想应用关键事件法，需要注意以下四项原则。

1. 行为主体原则

关键事件描述的主体是实际从事某岗位的员工，主要描述的内容是该员工在该岗位上表现出来的、可以被观察到的、外在的行为特征，而不是这个员工的内心世界。

2. 特定明确原则

评价者在描述处于某个岗位被评价者的某个特定事件时，要确保该事件的单一性，对该特定事件的描述过程描述要尽量全面和详细。

3. 行为背景原则

在孤立地看待某个行为时，人们往往无法判断其有效性。只有当某个行为运用在某个场景中时，个体的行为才能说明问题。因此，评价者在描述处于某

---

[1] 李芝山：《关键事件法在员工绩效管理中的规范应用》，中国集体经济，2008（22）：65-66。

个岗位被评价者的行为时，要描述清楚其行为的具体场景。

4. 行为结果原则

评价者在描述处于某个岗位被评价者的行为时，要描述出行为产生的具体结果。

（二）关键事件法实施步骤

关键事件法实施过程包括以下步骤，如图8-1所示。

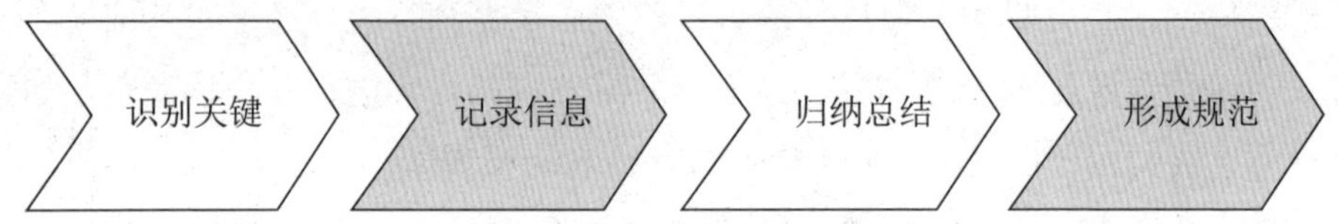

图 8-1　关键事件法实施步骤

1. 识别关键事件

运用关键事件法进行绩效评价时，最重要的工作是对关键事件进行识别。如果对关键事件识别存在偏差，将会对后续一系列的评价工作产生误导。也就是说，识别关键事件对应用者有着较高的专业要求，如果应用者对要评价的岗位了解不深或者经验较少，很难在短时间内识别出该岗位的关键事件。

为了有效识别关键事件，企业可以成立专业小组，具体措施如下。

第一，成立对岗位有一定了解的专业人员组成的岗位分析小组。

第二，岗位分析小组中要有懂得关键事件法运作原理并有操作经验的人员。

第三，在分析过程中岗位分析小组的组员要充分互动、沟通和讨论，要兼听，不要盲目听从片面之言。

此外，企业也可以利用其他分析方法，如可以利用岗位的工作日志或周报来提取资料，利用个别访谈或调查问卷等方法。

2. 记录信息资料

识别关键事件时，分析人员需要观察和记录关键信息和资料，至少应当包括表8-1所示的内容。

表 8-1 记录信息资料时应该包括的内容

序号	内容
1	导致关键事件发生的前提条件
2	关键事件发生的背景和过程
3	关键事件发生的直接原因或间接原因
4	关键事件的具体行为表现
5	关键事件发生之后的结果
6	员工控制和把握关键事件的能力

3. 归纳总结特征

汇总关键事件分析和设计过程中的所有资料后，分析小组要归纳和总结出这个岗位的主要特征、具体行为控制要求和需要的具体行为表现。在对关键事件进行分析、记录和评估的过程中，都可以使用STAR法则❶。在STAR法则中，S（situation）代表情景，是指该岗位工作内容所处的环境和具体的背景；T（task）代表任务或者目标，是指该岗位某个行为的具体目标；A（action）代表行动，是指该岗位为了实现目标，需要采取哪些具体的行为；R（result）代表结果，是指通过不同的行为，最后会取得怎样的结果。

例如，某岗位的主要工作任务之一是保障实现某产品某个生产环节的技术突破。对此，分析小组成员可以按照以下逻辑询问和调研该岗位人员。第一，情景：产品开发的背景是什么？生产技术需要突破的背景和原因是什么？第二，目标：具体任务目标是什么？第三，行动：需要该岗位具体做出哪些行动来保证目标的实现？第四，结果：通过分析岗位的不同行为之后，能得到什么样的不同结果？通过对以上询问结果的整理和分析，分析小组可以归纳总结出该技术岗位的特征、具体的行为控制要求和需要的具体行为表现。

4. 形成规范应用

企业可以根据归纳总结各岗位关键事件情况，在企业内相关岗位推行关键

❶ STAR 法则是一种常常被面试官使用的工具，用来收集面试者与工作相关的具体信息和能力。STAR 法则与传统的面试方法相比，可以更加精确地预测面试者在未来的工作表现。

事件评价方法，要求部门按考核期形成部门关键事件评估结果表。部门关键事件评估结果表样表模板如表8-2所示。

表 8-2 部门关键事件评估结果表样表模板

部门	姓名	关键事件描述					打分	评估日期	评估人签字
		S（情景）	T（目标）	A（行动）	R（结果）	其他补充			

此外，人力资源管理部门可以通过关键事件法的设计原理，在企业中进行更加灵活的应用。例如，有的企业要求部门管理者在月度、季度或年度的报告中统一指出自身或团队成员绩效较优的行为或较差的行为；有的企业把关键事件评价和量化的绩效评价方法相结合。

二、行为锚定等级评价法

行为锚定等级评价法也叫作“行为定位法”“行为定位等级法”或“行为决定性等级量表法”。这种方法是一种在对同一职务可能发生的各种典型行为进行分析、度量和分级之后，建立一个行为锚定评分表，并以此为依据，对员工工作中的实际行为进行分级测评的绩效评价方法。

（一）如何应用行为锚定等级评价法

行为锚定评价法是通过制订行为等级评价表，将行为划分为从优秀到最差的不同等级并予以量化，当员工的行为达到一定等级时对员工的行为进行分级测评的绩效评价方法。行为锚定等级评价法适用于强调行为表现的工作岗位的绩效评价。例如，某企业人力资源培训教师有两项重要的岗位职责，一是关心培训员工，二是对培训员工进行知识技能的培训。

关心培训员工是指培训教师要积极熟悉培训员工的情况，真诚地对待培训员工，了解培训员工的需要，及时帮助培训员工解决问题。在关心培训员工方面，人力资源管理部门为培训教师制订的行为锚定评价表见表8-3。

表 8-3　培训教师关心培训员工的行为锚定评价表

评价等级	描述
优秀	培训员工面露难色时，询问其是否有问题需要讨论
较好	为培训员工提供所学课程学习方法的建议
达标	遇到培训员工时，主动与培训员工打招呼
较差	虽然可以和培训员工讨论问题，但是不能跟踪落实和解决问题
最差	批评培训员工无法独立解决问题

知识技能的培训是指培训教师要具备相应的培训技巧和方式，能有效地向员工传授知识。在知识技能的培训方面，人力资源管理部门为培训教师制订的行为锚定评价应如表8-4所示。

表 8-4　培训教师知识技能培训的行为锚定评价表

评价等级	描述
最好	能够使用多样化的教学方法，引导培训员工进行创造性的思考，鼓励培训员工提出不同的意见，提高培训员工的自我学习能力
较好	能够把具备关联性的知识有效地联系在一起，帮助培训员工形成完整的知识体系
达标	能够使用清楚易懂的语言授课，能够恰当地使用案例
较差	讲不清楚有难度的问题，不能接纳培训员工的不同意见
最差	授课过程照本宣科，枯燥乏味，经常讲错一些重要概念

（二）行为锚定等级评价法实施步骤

要想建立行为锚定等级评价体系，可以按照如图8-2所示的五个步骤进行。

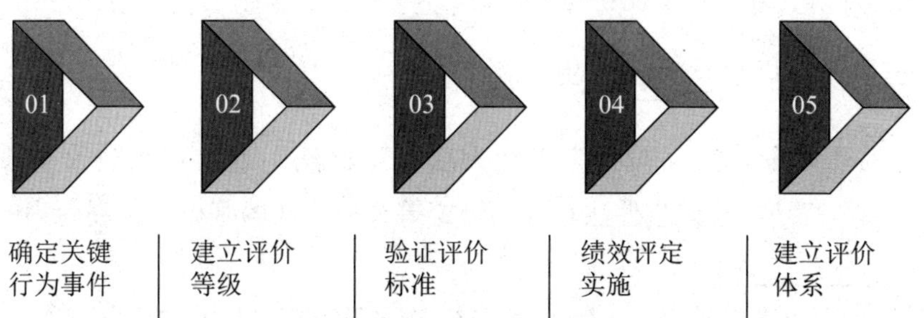

图 8-2　行为锚定等级评价法实施步骤

1. 确定关键行为事件

在制订某个岗位的行为锚定评价之前，评价者首先要通过该岗位的分析、岗位说明书以及实际从事该岗位表现优秀的人员了解该岗位的关键行为事件，并对该岗位的关键行为事件结果形成绩效评价的指标，最终按照重要程度对各绩效指标划分占比。[1]

2. 建立评价等级

首先，评价者要对该岗位关键事件的最优秀行为和最差行为进行客观描述。其次，评价者要根据最优秀和最差行为的描述，将关键事件划分成几个绩效等级。通常情况下划分为5个，一般不会超过8个。最后，评价者要对各等级的行为进行界定并详细描述。

3. 验证评价标准

评价者要与实际从事该工作，或者对该工作理解较深刻的优秀人员就初步完成的行为锚定绩效评价表进行讨论，从而验证绩效评价表中各绩效指标项的占比、指标定义、评价等级、行为描述以及打分结果是否合理。

4. 绩效评定实施

评价者要针对某一类岗位或某一类事件，对行为锚定的绩效评价表进行测试，测试该样表在实际运用过程中测评打分的可操作性、分数项的合理性、上下限之间的差距等可能存在的问题，以便在正式运用之前做出调整。

5. 建立评价体系

根据前四步的操作，评价者可以建立行为锚定等级法的绩效评价体系。此外，评价者还可以确定评价的周期、评价者、评价的用途、员工指导与培训、薪酬的匹配等各项工作的支持与配合。

三、行为观察量表法

行为观察量表法又被称为“行为观察评价法”或“行为观察量表评价法”。该方法是在关键事件法和行为锚定等级评价法的基础上发展而来的，是

[1] 齐飞：《行为锚定等级评价法在公司机关人员绩效指标体系构建中的应用研究》，管理学家，2014（19）：180-181。

从其他角度，采取其他的方式，观察和评价被评价者的行为。

（一）如何应用行为观察量表法

与行为锚定等级评价法不同，行为观察量表法不是用来确定某岗位员工的工作行为处于哪一种水平，而是计算该员工某种行为出现的概率。这种方法通常是评价者根据员工某一行为出现的频率或次数来给被评价者打分。行为观察量表法中用到的量表与行为锚定等级评价法中的量表原理类似，但是结构有所不同。行为观察量表法中的量表通常具有一定的量化概念，通过行为观察量表法汇总各项分数后，就能够得出量化的分数。

（二）行为观察量表法实施步骤

要想对各岗位实施行为观察量表法，可以按照图8-3所示的步骤开展。

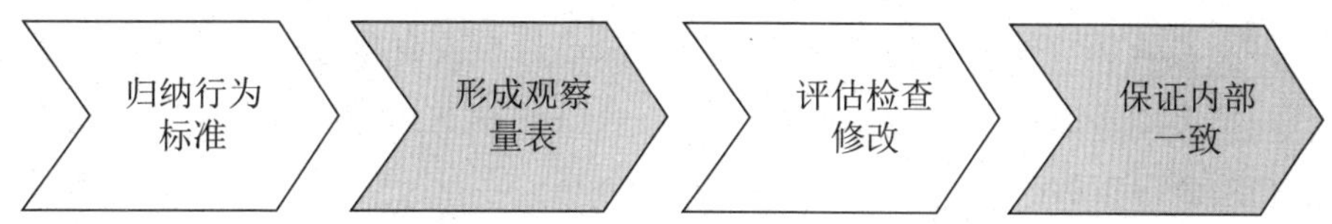

图 8-3　行为观察量表法实施步骤

1. 归纳行为标准

评价者要聚焦、评价岗位的关键事件，将关键事件归纳为具体的行为标准。

2. 形成观察量表

评价者要根据对关键行为的归纳，把员工的优秀行为指标归为一组，形成相应的观察量表。[1]

3. 评估检查修改

评价者要对行为观察评价量表做进一步的评估、检查、分析和改进，从而判断该量表在企业某类岗位中的适用性和适应性。

[1] 石娟：《基于问题的web-CKB学习绩效评价研究》，中国远程教育，2011（11）：17-21，95。

4. 保证内部一致

评价者在对某类岗位应用行为观察量表法前，要保证该岗位的所有人员都适用该量表，还要保证评价者的评价标准具有一致性。

四、加权选择量表法

加权选择量表法又叫作“加权总计评分量表法”，是行为量表法的一种表现形式，也是一种通过观察客观行为进行量化评价的方法。加权选择量表法设计的复杂程度要高于前三种行为评价方法，但是对于评价者而言，其评价过程较为简单。

（一）如何应用加权选择量表法

加权选择量表法的应用方法是评价者通过一系列描述性或形容性的语句说明被评价者各种具体工作的行为和表现，并对每一项内容进行多等级的评分赋值。行为表现越好，对企业越有利，等级评分就越高；行为表现越差，对企业越不利，等级评分就越低。

之后，评价者将这些行为表现以及对应的等级评分写在一张量表上，再根据被评价者是否存在某方面的行为或者是否具备某项能力进行勾选，然后将各项分值相加，得出被评价者最终的评价分数。

（二）加权选择量表法实施步骤

加权选择量表法可以按照图8-4所示的步骤实施。

图8-4　加权选择量表法实施步骤

1. 收集资料

组成岗位评价小组进行工作岗位的调查、评价和分析，采集该岗位人员的有效行为和无效行为，或对企业有重大影响的、对企业有利的行为和对企业不利的行为，并用简洁明了的语言描述该行为的特征或表现。

2. 等级判断

岗位评价小组要对每一类行为进行等级判断，合并同类项，删除缺乏代表性的项。

3. 评分赋值

岗位评价小组要对每一个行为项目进行等级评价并做出分数赋值。行为表现越好，等级分值就越高；行为表现越差，等级分值就越低，甚至可以为负值。

五、强制排序法

强制排序法又叫作“强制排列法”，是一种生活中比较常见的、简单易行的辅助性综合绩效评价方法。这种方法通常是上级、评价者对下级或被评价者的工作表现按照优劣顺序进行排序。在实际生活中，因为各种原因，评价者对被评价者的排序存在难度，而强制排序法可以克服评价者主观上的困难进行强制排序，所以被称为强制排序法。

（一）如何应用强制排序法

强制排序法的操作方法比较简单，其核心是建立一个排行榜，把被评价者的工作表现按照从高到低依次排列；有时为了提高排序的精准程度，也可以对岗位工作内容进行适当分解，按照分解后的分项进行排序，再求出平均排序数，作为绩效评价的最终结果。

强制排序法被广泛应用在组织结构稳定，人员规模较小的企业。当企业既希望节约管理时间和管理成本，又期望达到绩效评价判断优劣的目的时，强制排序法就是比较好的选择。企业中常见的强制排序领域包括但不限于销售业绩排名、销售增长排名、销售回款排名、客户增长排名、出勤天数排名、合理化建议排名等。这些排名的周期可以根据需要划分为月度、季度或年度。根据排名的需要，企业在实际应用的过程中可以只展示前三名或后三名。另外，强制排序法通常伴随着相应的奖罚措施。[1]

强制排序法可以分成两种，一种是客观强制排序法，另一种是主观强制排

[1] 李国丞：《第二眼联想之四：绩效管理篇 不以成败论英雄》，企业研究，2003（2）：71-72。

序法。客观强制排序法是指利用量化的财务、生产统计等客观的数据进行排序的方法；主观强制排序法是指根据上级、同级或者评价小组的评价等主观判断进行排序的方法。

（二）强制排序法实施步骤

客观强制排序法可以通过收集量化数据，根据数据量值的高低进行排序。主观的强制排序法可以参考图8-5所示的步骤实施。

图 8-5　主观强制排序法实施步骤

1. 确定评价人选

强制排序法的评价者可以是被评价者的直接上级，也可以是专门成立的评价小组。

2. 选择评价因素

评价者或评价小组可以设置细分因素直接进行排序，也可以设置不同的因素主观打分后再排序。对此，评价者或评价小组有两种做法，一种是直接排序法，另一种是交替排序法。直接排序法就是直接按照从高到低的顺序进行排序；交替排序法是可以先排第一名，再排最后一名，再排第二名，再排倒第二名，前后交替依次排序。直接排序法和交替排序法没有好坏之分，主要根据评价者或评价小组的应用习惯和实际需要确定。

3. 评价汇总排序

评价者或评价小组收集主观打分情况，汇总后得出最终的评价结果。

六、强制正态分布法

强制正态分布法也叫作“强制分布法”或“硬性分布法”。与强制排序法不同，这种方法是对被评价者进行分类，人为设置几个类别，按照不同的绩效、行为、态度、能力等标准将被评价者归到不同的类别中。

（一）如何应用强制正态分布法

强制正态分布法源于美国通用电气公司（General Electric Company，简称“GE”）的前CEO杰克·韦尔奇（Jack Welch）提出的“活力曲线”。韦尔奇按照绩效和能力，将所有员工分为三类。活力曲线中员工的类别和比例见表8-5。

表 8-5 活力曲线中各员工分类及其占比

分类	A 类	B 类	C 类
占比	20%	70%	10%

对于A类的员工，韦尔奇对他们采取的策略是不断奖励，包括岗位晋升、提高工资、股权激励等方法。有些A类员工得到的奖励是B类员工的2～3倍。对于B类员工，韦尔奇会根据情况，适当予以提升工资奖励。对于C类员工，韦尔奇不仅不会给予他们奖励，而且可能会将其淘汰出自己的队伍。这就是强制正态分布法的前身。具体而言，强制正态分布法是根据员工的优劣程度划分，通常呈现“两头小中间大”的正态分布规律，进行企业的等级划分以及每个等级中员工数量的占比，然后按照每个员工的绩效和能力情况，强制按照比例列入其中某一个等级。[1]

总而言之，当企业需要进行评价的员工数量较多时，比较适合采用强制正态分布法。人员正态分布的规律适用于大部分企业，这一评价方法在一定程度上可以减少评价者主观判断上产生的误差。此外，强制正态分布法还有利于企业高层的统一管理和控制，尤其是对于需要引入淘汰机制的企业而言，采用这种绩效评价方法可以产生一定的激励作用和鞭策效果。

（二）强制正态分布法实施步骤

企业要想实施强制正态分布法，可以按照图8-6所示的步骤进行。

[1] 李玉萍，兰社云：《绩效管理中的“强制正态分布法”》，经济研究导刊，2011（12）：128-129，148。

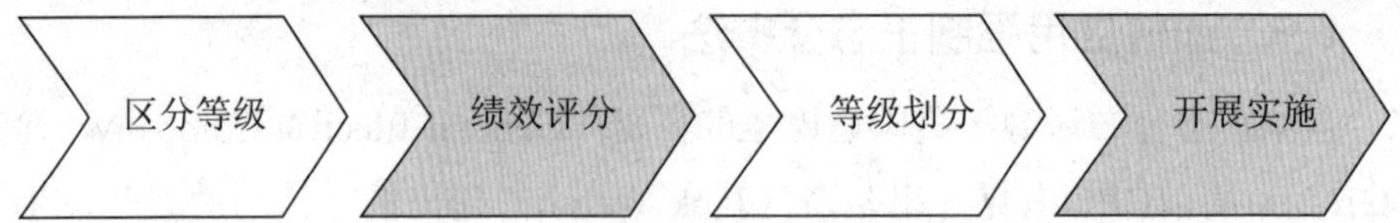

图 8-6　强制正态分布法实施步骤

1. 区分等级

评价者要确定企业期望的划分等级和每个等级中人数的比例，还要确定不同等级对应的不同奖励。需要注意的是，各个等级之间的差别应当有一定的激励效果。

2. 绩效评分

评价者要对被评价者进行绩效评分。如果是由直属上级或某位特定的评价者进行评价，那么可以直接得出结果；如果是由评价小组进行评价，那么应由评价小组成员分别进行评分后计算平均分，得出被评价者的绩效评价分数结果。

3. 等级划分

评价者可以根据被评价者绩效评价得分的结果，将其对应划分到事先划分好的等级中。

4. 开展实施

评价者应依据事先确定的规则，参照被评价者最终的等级划分结果，实施并兑现相应的激励政策。

第二节　绩效评价奖罚机制的建立

企业中的奖励和惩罚有时对应着奖金的增加或减少，有时对应着绩效考核分数的增加或减少。即使有的企业的奖罚机制与绩效评价无关，但其奖罚行为本身也是类似于绩效管理、员工行为修正的机制。总而言之，企业要想形成合理的人力资源管理体系，并使其保持良好的运行，就必须建立绩效评价奖罚机制。鉴于此，本节将对企业中绩效评价奖罚机制的实施流程、应用原则、应用策略和注意事项展开分析和研究。

一、奖罚机制实施流程

员工奖罚机制通用流程如图8-7所示。

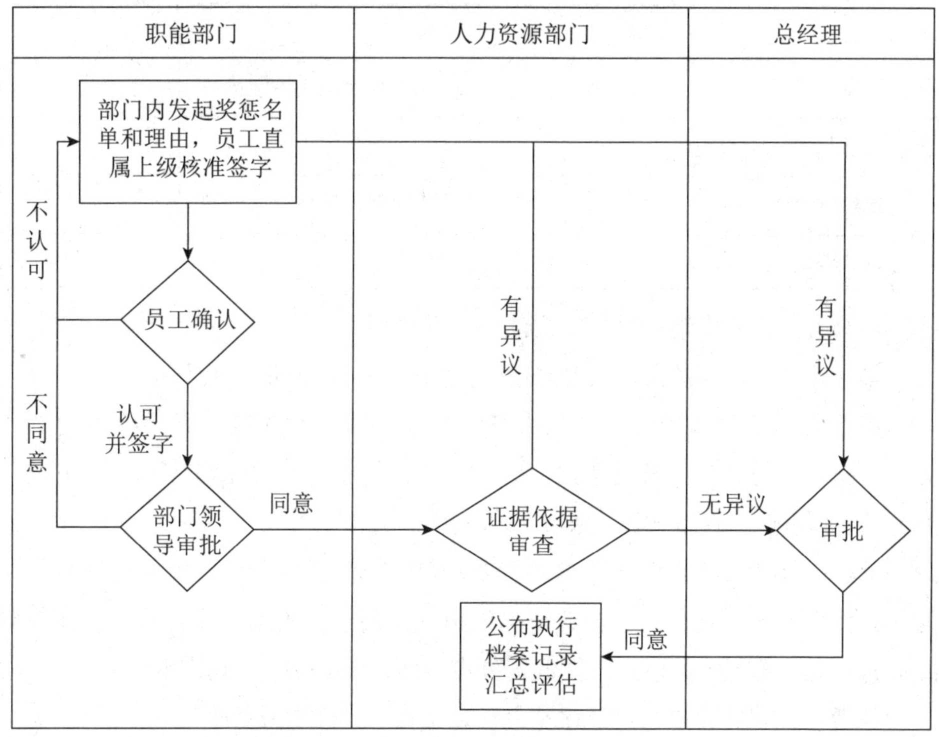

图8-7　员工奖罚机制通用流程

（一）流程发起

当员工出现符合企业奖罚规定中所规定的情况时，员工直属上级应根据情况提出奖励或惩罚的需求，填写员工奖罚申请单。员工奖罚申请单模板见表8-6。

表 8-6　员工奖罚申请单模板

部门		岗位	
姓名		员工编号	
奖罚类型	奖励（ 嘉奖　小功　大功）		
	惩罚（ 警告　小过　大过）		
奖罚原因		直属上级签字	
奖罚依据文件及条款		员工本人签字	
分管部门领导意见		人力资源管理部门意见	
总经理意见			

填写员工奖罚申请单时，需要注意以下事项。

第一，员工奖罚的发起人是员工的直属上级，不能是员工本人。

第二，写明奖罚的类型。如果是奖励，应写明具体属于哪一种奖励（嘉奖、小功、大功）；如果是惩罚，应写明具体属于哪一种惩罚（警告、小过、大过）。填写时，可以按照企业奖罚规定中的具体分类填写。

第三，写明奖惩原因。若内容较多，可以以附件的形式在单据后附奖罚行为的具体事实、证据以及详细的情况说明。需要注意的是，奖罚原因和证据都要符合企业奖罚规定的内容，要做到事实清晰、证据充分、内容详尽。

第四，说明奖罚依据的具体文件以及文件中条款的具体规定。

（二）员工确认

由受到奖罚的员工本人确认该奖罚行为是否属实，员工本人是否认可奖罚行为。如果员工认可，员工应在奖罚申请单上签字；如果员工本人不认可，那么就需要员工的直属上级与员工进行进一步沟通和确认。

（三）核准审批

员工确认奖罚行为后，由员工所在部门的分管领导（一般为分管副总经理）核准并签字确认。这里所说的核准是指上级对下级送交审查事项进行的审核及批准。如果分管领导有异议，那么应返回到发起人处；如果分管领导无异议，那么应转到人力资源管理部门进行下一步处理。

人力资源管理部门需做真实性和合规性审查，核准员工行为是否真实发生，核准奖罚依据的准确性。若人力资源管理部门有异议，则应返回发起人处；若人力资源管理部门无异议，则应上报给总经理进行审批。

总经理是奖罚的最终审批人。总经理审批通过后，人力资源管理部门就可以开始准备正式的文件，以备公布实施。

（四）奖罚实施

所有奖罚行为应当以通知的形式告知企业全体员工。奖罚通知一般以月度为单位统一传达，但对于临时发生的重大事件，可以单独传达。奖罚通知的模板如下。

奖惩通知

某年某月某日，某企业某部门某人，工号某，因在某事件中做出了某项行为，对企业造成了某类影响。根据企业某制度文件某章某节某条款的某项规定，企业决定给予其某项奖励/惩罚。

特此公示。

对此奖励/惩罚结果有异议者，请自本通告公示起3日内告知人力资源管理部门，并提供查应证据。若无异议，奖励/惩罚结果将于本通告公示3日后正式实施。

人力资源部门应当根据企业公文格式为所有员工奖罚通知编制具体的公布文号并登记在奖惩通知记录表上。奖罚通知记录表模板见表8-7。

表8-7 奖罚通知记录表模板

员工编号	姓名	奖罚事项	公布文号	奖惩类型	发布日期	备注

在填写奖罚通告记录表时，需要注意以下事项。

第一，奖罚类型可以直接写奖励或惩罚，也可以把奖励或惩罚细化为嘉奖、小功、大功、警告、小过、大过。

第二，若员工对奖罚行为有异议并提供了相应的证据，应在备注中说明。

第三，发布日期的后面可以加一列生效日期。

对于一段时期内员工奖罚情况（如月度、季度、年度），人力资源管理部门应汇总到一份员工奖罚记录表中，以供本部门记录及相关管理层参考。员工奖罚记录表模板见表8-8。

表8-8 员工奖罚记录表模板

部门	岗位	姓名	员工编号	奖惩类型	发布日期	备注

此外，人力资源管理部门还可以根据一段时期内员工的奖罚情况做出汇总和统计，统计不同子公司、不同部门或者不同类型的岗位获得奖励和惩罚的人数，或者奖励或惩罚的类型，其模板见表8-9。

表8-9 员工奖罚统计表模板

部门	奖励情况（人数）			惩罚情况（人数）			备注
	嘉奖	小功	大功	警告	小过	大过	
A部门							
B部门							
C部门							

在填写员工奖罚统计表时，需要注意以下事项。

第一，部门可以是企业下设的大小各类部门，也可以是分公司、分店。

第二，奖励和惩罚情况的分级可以根据本企业的规定设置不同的等级。

第三，除了记录人数外，也可以在表头加入该部门的总人数，在奖罚类型加入受奖罚人数占总人数的比例。

二、奖罚机制应用原则

奖罚机制在绩效管理、人力资源管理乃至整个企业管理中都发挥着至关重要的作用，兼具激励和纠偏的双重功能。由于团队中成员的认识不同、想法不同、行为不同，团队行为产生的合力并不等于团队全体成员的力量之和。如果对优秀的行为不给予激励，那么就无法让优秀的行为继续保持；如果对不好的行为不给予惩戒，那么就无法避免不好的行为再次发生。这样一来，再完备的管理制度，再规范的管理流程都如同纸上谈兵，无法落实。相反，如果企业能够做到赏优罚劣，那么就能够引导员工的行为，进而提升员工的积极性和行动力。为了达到这一目的，企业在应用奖罚机制时，需要坚持以下三项原则。

（一）适应性原则

所有的奖罚规则都必须做到合法合规、合情合理。设立的奖罚机制既要适应企业的发展阶段，又要符合实际，做到奖罚得当。同时，奖励和惩罚都必须对应员工的行为事实，而不是员工的主观想法、心理活动或未来的预期行为。例如，有的企业员工迟到问题严重，管理层为杜绝此类现象再次发生，规定不论任何理由，员工上班迟到一次负激励1 000元。然而，该企业员工的平均工资每月只有4 000元，考虑到企业的工资标准及相关法律法规，这项惩罚机制显然不合适。

（二）平等性原则

奖罚机制涵盖的人群应当上到企业的总经理，下到企业的基层员工，做到对所有人的影响力、效力和应用都相同，不特殊对待任何人，不分层级地同等实施。既不能因为某些人在企业的地位高，就可以不受罚；也不能因为某些人在企业的地位低，就可以不奖励。也就是说，应当坚持奖罚机制评判标准的统一、尺度的一致、方法的相同。

（三）即时性原则

奖惩行为对应的奖罚措施应当即时兑现，快速实施，不能拖延。奖罚规则确定后，即便是管理层违规，或者即便没有预料到的基层员工做到了应当奖励的行为，都应立即兑现奖罚承诺。如果拖延时间，可能会错过奖罚实施的最佳时机而无法发挥奖罚机制应有的作用。

三、奖罚机制应用策略

奖罚制度的应用不能生搬硬套，也不能任意而为。企业要想有效应用奖惩机制，就要遵循一定的策略。这里的策略不是要企业投机取巧、玩弄心计，而是要企业思考如何利用有限的资源，通过有限的努力，得到最有效的结果。具体而言，奖罚采取的常见策略包括如下内容。

（一）奖励必须公开，处罚可以不公开

榜样是员工行为的标尺。企业对一个员工的行为进行赞扬，表明企业鼓励和支持其他员工也做出类似行为。可以说，公开奖励是通过对一个人的奖励带动更多人行为的转变。对于企业明令禁止的“高压线”，处罚时也应当公开，表明企业对该种行为的零容忍，以警示其他员工。对于某些并不严重的处罚，考虑到员工的自尊心，企业可以选择不公开处罚。

（二）赏小立信，罚大立威

管理是一种技术，更是一门艺术，对奖罚的应用同样如此。企业可以通过细微小事来激励员工，以树立员工对企业的信任，从而获得以小博大的效果。此外，企业为了树立管理威信，甚至可以重点惩罚级别较高、能力较强或者比较典型的员工。

（三）先奖疏远，先罚亲近

这个策略并不是要企业对不同的人采取不同的奖罚政策，而是要企业在进行奖罚时，在奖罚顺序上可以采取一些小技巧。例如，先惩罚与管理者关系比较亲近的人，先奖励与管理者关系比较疏远的人。这样不仅能够在员工的心理方面产生较强的效果，而且能够让员工感受到企业管理者是公正的，使员工产生对企业管理者的信任，有效抑制部分不良风气的形成。

四、奖罚机制注意事项

（一）不能用奖罚代替管理

有些管理者认为有了奖罚机制，就可以简化管理工作；对于员工好的行为和不好的行为，全部以企业的奖罚规定进行处理，不与员工沟通交流，帮助员工改变行为。实际上，如果管理者不针对员工的行为与员工进行沟通交流，员工并不知道自己哪里做得好或者哪里做得不好，也不知道该如何改进，只能机械地等待奖罚结果。

总而言之，管理者和员工在日常工作中的沟通、交流、指导等管理过程不能被奖罚制度取代。虽然奖罚制度能够帮助管理者更好地进行管理，让管理者有法可依、有章可循，但是奖罚制度无法代替管理者对员工的管理行为。

（二）不能只有奖或只有罚

部分企业的规章制度特别注重惩罚，不注重奖励。虽然这样的奖罚制度确实对员工具有一定的约束力，但是缺乏温情。员工在这样的环境下，更多的感受到的是压迫和压抑，从而使企业的离职率大大增加。

部分企业的规章制度特别注重正激励，不注重惩罚，造成企业温暖有余而约束力不足。员工在这样的环境中会十分随意，不利于企业的管理。

总而言之，在奖罚制度中，奖励和惩罚就像两条平行的铁轨，引导着员工的日常行为。如果只有奖或者只有罚，铁轨就只有一条，必然会使员工的行为产生偏离，无法发挥奖惩制度应有的引导作用。

（三）奖罚机制的实施要有配套措施

奖惩机制想要发挥其作用，还需要其他相关配套措施。具体包括定义奖罚制度实施部门的具体职责并保证其职责能得到有效落实；建立健全的奖罚评价标准和评价体系；追究相关人员奖罚执行不到位的责任；防止管理者利用奖惩制度徇私舞弊；等等。

（四）控制情感在奖惩过程中的应用

奖罚制度考验着管理者和员工的感情。管理者在采用奖惩措施时，不能感情用事。例如，对自己不喜欢的人该奖励时不奖励，该惩罚时格外严厉；或者对自己喜欢的人该惩罚时不严厉，该奖励时对其有额外的奖励。

管理者在奖励员工时，应当抱着亲切、热情的态度，营造良好的情感氛围，让员工在情感上感受到管理者对自己的认可和支持。只有这样，员工才会再接再厉，继续创造更好的业绩。

管理者在实施惩罚时，应当抱着严肃、庄重的态度，在营造威严氛围的同时，保持对员工的关爱，让员工感受到管理者虽然认可自己，但是自己做错了事，管理者不得不罚自己。这样一来，大多数员工都会在认识到自己错误的前提下努力提升自己，改变自己的行为。

第三节　绩效信息的收集

绩效信息的收集是为绩效管理中的绩效考核、绩效评价和绩效结果的应用进行的准备，是重要步骤。绩效信息是绩效评价的依据，是发现绩效问题、改进绩效的依据，也是发生劳动争议后，企业可以提供的重要证据。本节将主要研究绩效信息收集前的准备工作，收集绩效信息的流程以及绩效信息核准应注意的问题。

一、绩效信息收集筹备

绩效评价信息收集、整理和处理的过程是形成绩效结果的关键步骤。如果没有绩效评价信息，那么就无法得出绩效的最终结果，对各岗位的绩效指标、对员工行为的判断将会变得没有意义。因此，建立健全的、科学的绩效数据搜集方式具有重要的意义。

根据绩效考核和绩效评价采取的方式、工具和内容不同，绩效信息和数据的来源可以分为九个不同的方面，分别是上级、下属、同事、客户、董事、股东、社会、专家以及被评价者的自评。绩效信息来源途径如图8-8所示。

具体而言，人力资源管理部门在设计绩效信息收集时，应做好以下准备工作。

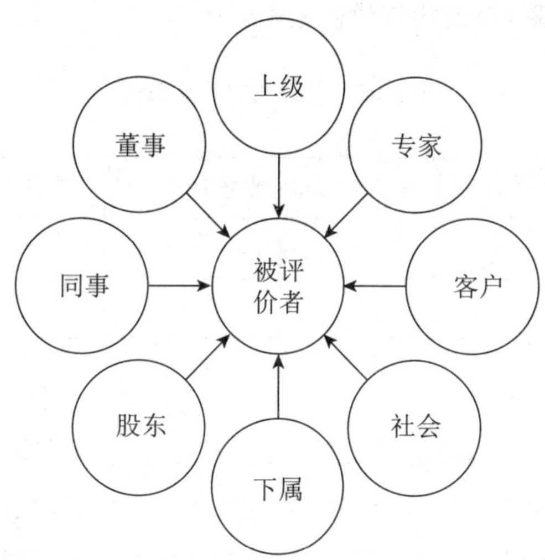

图 8-8 绩效信息来源途径

（一）明确绩效指标

明确绩效指标是绩效信息收集的前提和基础。人力资源管理部门在设计绩效考核规则时，要明确地指出绩效指标的定义、计算方法以及评价具体标准等关键要素。只有在明确这些关键要素的基础上，收集到的绩效评价信息才能真实地反馈员工的信息。

（二）明确收集流程

明确规定绩效指标的收集流程是有效收集绩效信息的途径保障。管理比较规范的企业会制订严格的绩效信息收集制度或流程，同时还会详细规定出绩效信息的采集、统计和上报流程。

1. 信息传递流程

绩效信息的传递流程是绩效信息或数据从产生（输入）、处理、传递、检查审核到最终形成结果（输出）全过程的工作规范和步骤。

2. 信息传递载体

信息传递载体是绩效信息或数据需要用到的表格，即通过什么系统传递给人力资源管理部门。这里的表格通常需要人力资源管理部门提前设计出统一的模板。本书设计的绩效信息收集模板见表8-10。

表 8-10 绩效信息收集模板

数据名称	数据定义	数据考核岗位	数据提供部门	数据要求	数据结果

3. 信息统计口径

信息统计口径是绩效信息或数据统计的具体内容、范围和要求。人力资源管理部门需要明确规定哪些绩效信息需要收集，哪些绩效信息需要统计，收集过程中绩效信息的提供人需要如何处理和加工这些数据，等等。

4. 信息采集周期

绩效信息采集周期就是绩效信息的收集周期。这里的周期根据考核事项和管理需要的不同，可以以天、周、月度、季度、半年、年为单位。例如，每周工作计划和工作落实表、月度工作总结、季度工作汇报等。

（三）明确各方责任

在收集绩效信息之前，要明确信息采集部门、信息统计部门和信息处理部门三者的权责关系。例如，有的部门既是绩效信息的提供部门，又是被考核部门。需要注意的是，权责的落实最终不能只落实到部门，必须落实到具体的员工身上。

（四）明确管理制度

明确管理制度是将关于绩效信息和数据收集的相关流程形成详细的、具体的管理制度，规定绩效信息在收集过程中的保障机制、监督机制及奖罚机制。这些机制规定了各方的工作职责、工作标准和工作内容。

（五）运用系统保障

信息系统的支持和保障是非常有效的管理工具，它不仅能够提高绩效信息传递的效率，还能够降低管理成本。合理有效地运用信息系统可以保障绩效信息传递工作的有效实施，对于绩效信息的有效传递具有事半功倍的效果。

二、绩效信息收集流程

绩效信息收集的通用流程可以参考图8-9。

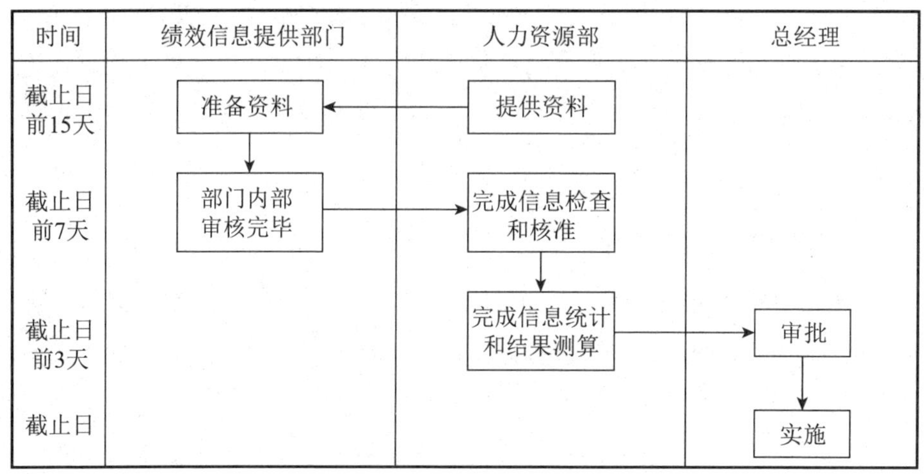

图 8-9　绩效信息收集通用流程

（一）绩效结果实施截止日前 15 天的主要工作

人力资源管理部门应把需要收集的绩效信息资料相关模板、格式、要求等发送到信息提供部门具体负责的人手中。同时，绩效信息提供人应当立即开始筹备绩效信息或数据的收集、整理或加工处理等相关工作。此外，信息提供人还需要与其他部门配合，及时与其他部门沟通并获取信息。

（二）绩效结果实施截止日前 7 天的主要工作

绩效信息提供人需要将所有信息都搜集整理完毕，形成最终要提交给人力资源管理部门的结果。绩效信息提供人的直属领导和分管领导有对绩效信息监督和审核的责任，需要对绩效信息的真实性和准确性进行审核。信息提供人以及所在部门内部在审核完毕后，将绩效信息提交到人力资源管理部门，由人力资源管理部门进行信息的检查和核准。在这一步骤中，对一些重要岗位、敏感信息和管理要求较高的企业，人力资源部门可以请其他部门协助核准。

（三）绩效结果实施截止日前 3 天的主要工作

经过人力资源核准的信息和数据，人力资源管理部门要进行最终的整理和汇总，形成绩效管理规划、个人绩效承诺计划等事先规定好的模板测算绩效结果。为了避免人为失误，人力资源管理部门至少要安排2名人员对测算的结果进行至少2次的重复检查。为了保证公正性，人力资源管理部门可以邀请审计部、风控部等具备监督职能及一定管理高度的相关部门参与绩效结果的测算过程。测算后的结果应由人力资源管理部门上报总经理审批，并在绩效结果截止日公布实施。

三、绩效信息核准应注意的问题

人力资源管理部门在核准和使用评价者提供的绩效信息和数据时要注意，并不是每位绩效信息的提供人都能够或愿意提供真实有效的绩效信息，人力资源管理部门得到的绩效信息很可能是错误的、无效的、有偏差的。造成绩效信息偏差的原因可能有两种：一种是评价者无意为之，是评价者非主观意愿造成的信息误差；另一种是评价者有意为之，是评价者在主观上故意提供存在偏差的绩效信息造成的信息误差。[1]

（一）评价者无意间造成的绩效信息偏差

评价者无意间造成的绩效信息偏差产生的原因包括评价者提供绩效信息时不认真；评价者依靠回忆提供绩效信息而非平时的客观记录；绩效信息由多名信息提供人提供，在信息传递过程中产生误差。

（二）评价者主动提供有偏差的绩效信息

除了因为失误、无意为之的错误之外，评价者也有可能主动提供有偏差的绩效信息。一个人在主观上是否愿意提供客观真实的信息，其实是一个复杂的心理博弈过程。评价者故意提供有利于被评价者的绩效信息的原因包括以下几点。

---

[1] 张青辉，张向东：《企业绩效考核中应当注意的几个问题》，内蒙古石油化工，2004（2）：78-79。

1. 得到了被评价者的物质收益和精神收益

评价者提供有利于被评价人的绩效信息，可能使被评价人获得更高的绩效工资，可能使被评价人获得升职或者涨薪的可能性，从而使自己得到一定的物质收益。此外，评价者提供有利于被评价人的绩效信息还可以抬高自己的绩效评价结果，因为这也是让上级管理者认为自己比较优秀的方式之一。

2. 减少评价者需要付出的沟通成本

评价者提供有利于被评价人的绩效信息可以避免评价者与被评价者之间产生矛盾，因为被评价者可能会围绕对于自己不利的绩效评价与评价者进行辩驳和对抗，从而使双方在日常工作中形成紧张的关系。[1]

3. 评价者与被评价者的私人感情

如果评价者和被评价者之间的私交很好，评价者可能会把个人感情置于企业客观公正的规则之上，提供有利于被评价者的绩效信息。

如果评价者和被评价者之间的私人感情很差，评价者也可能会故意提供不利于被评价者的绩效信息，其原因可能包括以下几点。

（1）增加被评价者的精神压力

评价者提供不利于被评价者的绩效信息，可能会使被评价者感受到精神压力，从而对被评价者起到警示和震慑的作用。

（2）迫使被评价者采取行动

评价者提供不利于被评价者的绩效信息，可能会使被评价者收敛或改变自己的行为；也有可能是评价者故意暗示被评价者需要考虑离职。

（3）评价者与被评价者的私人恩怨

如果评价者和被评价者存在私人恩怨，评价者很可能会把个人恩怨置于企业客观公正的规则之上，提供不利于被评价者的绩效信息。

[1] 刘进：《绩效考核中应注意的问题》，中小企业管理与科技，2009（17）：54-55。

参考文献

[1]林红，陈晖．人力资源管理实务（第2版）[M]．北京：中国人民大学出版社，2020．

[2]林新奇，蒋瑞．绩效管理[M]．北京：中国人民大学出版社，2020．

[3]任康磊．绩效管理与量化考核从入门到精通[M]．北京：人民邮电出版社，2019．

[4]姚裕群．人力资源开发与管理（第五版）[M]．北京：中国人民大学出版社，2019．

[5]刘建生．人力资源开发与管理[M]．北京：科学出版社，2020．

[6]胡君辰．人力资源开发与管理（第五版）[M]．上海：复旦大学出版社，2018．

[7]李旭穗，倪春丽．人力资源开发与管理项目化教程[M]．广州：华南理工大学出版社，2018．

[8]张德．人力资源开发与管理（第五版）[M]．北京：清华大学出版社，2018．

[9]萧鸣政．人力资源开发与管理（第二版）[M]．北京：科学出版社，2019．

[10]任康磊．薪酬管理实操从入门到精通[M]．北京：人民邮电出版社，2018．

[11]刘善敏．人力资源开发与管理[M]．北京：科学出版社，2019．

[12]殷凤春．人力资源开发与管理[M]．北京：高等教育出版社，2017．

[13]萧鸣政，刘追．人力资源开发（第二版）[M]．北京：北京大学出版社，2017．

[14]沈燕青．企业人力资源薪酬管理中存在的问题及措施[J]．中国集体经济，2019（25）：111-112．

[15]谢晓冬．浅谈医院人力资源管理与人事制度改革中小企业[J]．中小企业管理与科技，2019（24）：8．

[16]蔚培英．浅谈人力资源规划的作用[J]．财会学习，2019（23）：177．

[17]康东东．人力资源薪酬激励策略的优化方式之研究[J]．财会学习，2019（23）：178．

[18]李顺兴．薪酬管理在企业人力资源管理中的应用[J]．中小企业管理与科技（上旬刊），2019（8）：3-4.
[19]栗晓芳．共享经济时代下的人力资源管理创新探究[J]．人才资源开发，2019（16）：81-82.
[20]金环，刘林．探析我国中小企业人力资源管理创新问题[J]．知识经济，2019（24）：110-111.
[21]张平．激励在现代企业人力资源开发与管理中的应用分析[J]．现代营销（经营版），2019（9）：11.
[22]邓万勇．浅谈我国企业人力资源培训与开发管理[J]．人才资源开发，2019（9）：70-71.
[23]王敏．浅议人力资源管理激励机制在企业中的运用[J]．人力资源，2019（8）：9-10.
[24]王怡人．人力资源是企业的核心竞争力[J]．现代营销（创富信息版），2019（7）：188.
[25]胡欣．企业人力资源薪酬管理的创新路径[J]．现代营销（信息版），2019（7）：179.
[26]赵青，刘可婧．新时代企业人力资源管理中的问题与对策[J]．现代企业，2019（6）：12-13.
[27]樊腾飞．薪酬激励在企业人力资源管理中的作用与对策研究[J]．河北企业，2019（6）：131-132.
[28]孙雪迪．新时代和谐型人力资源管理的构建[J]．办公自动化，2019（5）：24-26.
[29]孙尔若．人力资源薪酬管理中存在的问题及对策[J]．智富时代，2019（3）：71.
[30]唐春华．激励机制在人力资源开发中的运用探究[J]．今日财富（中国知识产权），2019（2）：202-203.
[31]邹丽杰．探讨薪酬激励在人力资源管理中的重要性及应用[J]．时代报告（学术版），2019（2）：150-151.
[32]徐文玉．人力资源管理信息化建设的时代意义[J]．今日财富（中国知识产权），2019（1）：101-102.
[33]欧代敏．人力资源经济管理模式构建研究[J]．今日财富，2019（1）：113-114.
[34]李叶萍．事业单位人力资源培训与开发中的常见问题及对策[J]．人力资源管理，2018（9）：179.
[35]刘晶．知识经济时代的人力资源开发与管理研究[J]．现代商业，2018（7）：133-134.
[36]高岩．浅论企业人力资源开发、管理与创新[J]．人力资源管理，2017（5）：323.
[37]刘银花．浅谈企业人力资源管理人员素质现状与提升对策[J]．人才资源开发，2017（2）：106-107.

后 记

不知不觉间，本书的撰写工作已经接近尾声。在撰写本书的过程中，笔者倾注了大量的心血，但想到出版本书能够为人力资源开发与薪酬绩效管理的研究提供一定的帮助，笔者便颇感欣慰。

人力资源管理与开发是现代管理理论中的一个重要概念。其管理思想是将管理的本质看作激励、引导人们实现预定目标的过程，主张把人视为管理的主要对象和企业最重要的资源，确立“以人为本”的指导思想，制订全面开发人力资源的战略。基于此，笔者特意撰写此书，以期能够为研究人力资源方面的人员提供一定的参考。

本书在创作过程中得到了许多人的大力支持，在此笔者对于提供参考文献的学者以及为笔者提供帮助的朋友表示衷心的感谢。由于笔者水平有限，本书难免存在一些纰漏，希望各位学者和广大读者能够提出宝贵的意见。

王 铮

2020年6月